EJU

日本留学試験

EJU

실전모의고사

수학 코스1

머리말

이 책은 일본유학시험 수학 코스1 모의시험 문제집입니다. 이 문제집을 사용해서 공부하기 전에 특히, 수학 성적에 관해서 고민하고 있는 분은 다음에 쓰여진 점을 잘 읽어 주세요.

안타깝게도 잘못된 수학 공부 방법으로, 학생 시절의 귀중한 시간을 낭비해 버린 분이 굉장히 많습니다. 특히, "가능한 많은 문제를 풀고, 가능한 많은 해답 방법을 암기하면, 시험에 합격할 수 있는 수학 실력이 생긴다"라고 착각하고 있지 않을까요?

해법을 통째로 암기하는 것은 수학 공부가 고통스러워지는 것뿐이니까 당장 그만두는 것이 좋습니다. 또한, 해법을 통째로 암기해서 어떻게 될 정도로 수학은 얕은 학문은 아닙니다.
바르게 수학 공부를 하기 위해서 실천해 주길 바라는 점은 다음 2점입니다.

1. 모르는 문제는 스스로 분석해서 문제점을 찾는다.

"왜 모를까?"라고 슬퍼하기 전에, "내가 이해하지 못한 부분은 어느 부분이지?" "내가 어렵다고 느끼는 이유는 뭘까?"를 냉정하게 분석해서 문제점을 찾읍시다. 또한, 선생님이나 친구 등, 다른 사람을 바로 의지하는 것도 좋지 않습니다. 다른 사람을 의지하기 전에 노력해서 스스로 분석해서, 도저히 원인을 모를 때에는 다른 사람에게 상담하는 습관을 길러 주세요.

2. 다른 사람에게 알기 쉽게 설명할 수 있도록 한다.

수학에 관한 것은, 다른 사람에게 알기 쉽게 설명할 수 있게 되었을 때에 비로서 확실하게 이해되었다고 할 수 있습니다. 다른 사람에게 설명하지 못하는 것은, 아직 이해가 확실하지 않은 것입니다. 그래서 "지금 공부하고 있는 것을 어떻게 하면, 알기 쉽게 다른 사람에게 전할 수 있을까?"라고 궁리하면서 수학 공부를 하는 습관을 기르면 좋습니다.

이러한 자세는, 수학 이외의 과목에도 응용할 수 있습니다. 특히, 수학은 서투르지만, 잘하는 과목이 수학 외에 있다는 사람은 이러한 공부 방법을 그 과목에서 무의식적으로 하고 있는 경우가 많습니다. 그러한 사람은 수학에서도 같은 것을 실천하는 것뿐입니다.

그러면, 이상의 2가지를 항상 의식하면서 이 모의시험 문제집을 풀어 봅시다.
어렵게 느껴지는 문제를 만나도, 자신의 실력이 부족하다고 슬퍼할 필요는 없습니다.

풀어본 후에, "어렵다고 느낀 부분은 어디였지?" "어렵다고 느낀 이유는 대체 뭐였지?" 를 냉정하게 분석해 주세요. 그리고, 잘 이해하지 못한 부분을 발견한다면, 해답을 차분히 읽고 그 부분을 다른 사람에게 잘 설명할 수 있게 될 때까지, 계속 궁리해 주세요.

그 때, "계산 실력이 부족했다"고 자기분석을 했다면, 교과서 등의 문제를 사용하여 계산 실력을 기르기 위한 반복훈련을 하면 됩니다. 또한, "기본 용어 의미를 잘 모르겠다"고 자기분석을 했다면, 교과서를 반복해서 읽고 바른 정의를 조사해서, 그 의미를 다른 사람에게 간결하고 알기 쉽게 설명할 수 있게 되기 위한 궁리를 합시다.

이러한 공부는 한번이라도 해 보면 그 즐거움을 알 수 있습니다. 해법을 통째로 암기하는 것이 얼마나 고통스럽고 무미건조한 일인지는 비교해 보면 바로 알 수 있겠죠. 또한 시간이 걸릴 것 같이 보이지만, 결과적으로는 제일 빠른 길이 됩니다.

실제로, 이러한 습관을 길러서 진정한 의미에서 이해할 수 있게 된 수학은, 문과 이과에 상관없이, 평생 사용할 수 있는 보물이 됩니다. 통째로 암기하는 해법은 바로 잊어 버립시다.

지금부터라도 늦지 않았습니다. 바로 오늘부터 바른 공부 방법으로 공부해 봅시다.
그리고, 진짜 수학을 마음 깊은 곳에서 즐겨주세요. 수험생 여러분의 건투를 빌고 진심으로 응원하겠습니다!

글로벌 고등수학연구회

EJU 란?

'Examination for Japanese University'의 약자로, 일본 대학 등에 입학을 희망하는 자에게, 일본 대학 등에서 필요로 하는 일본어 능력 및 기초 학력 평가를 실시할 것을 목적으로 실시하는 시험입니다.

2001년 12월에 폐지된, 일본 대학 등에 입학할 때 일본 대학(학부) 등 고등 교육 기관의 대부분이 수험할 것을 의무로 하고 있었던 '일본어 능력시험'과 '사비 외국인 통일 시험'의 2개 시험이 통합되어 2002년부터 연 2회(6월 및 11월) 일본 및 해외에서 실시되고 있습니다.

출제 과목

EJU시험의 출제 과목은 일본어, 종합과목, 수학, 이과(화학, 물리, 생물)이며, 각 대학교가 지정하는 수험과목을 선택하여 수험해야 합니다. 또한, 일본어를 제외한 모든 과목은 일본어와 영어 중 출제언어를 선택할 수 있습니다.

과목별 점수

과목	목적	시간	득점 범위
일본어	일본 대학 등에서의 공부에 대응할 수 있는 일본어 능력을 측정한다.	125분 정도	독해 0~200점
			청독해·청해 0~200점
			기술 0~50점
이과	일본 대학 등의 이과계열 학부에서의 공부에 대응할 수 있는 기초적 학력을 측정한다.	80분	0~200점
종합과목	일본 대학 등의 문과계열 학부에서의 공부에 대응할 수 있는 기초적 학력을 측정한다.	80분	0~200점
수학	일본 대학 등에서의 공부에 필요한 수학의 기초적인 학력을 측정한다.	80분	0~200점

• 일본어는 기술, 독해, 청독해·청해의 3가지 영역으로 구성되어 있습니다.

• 이과는, 이과 3과목(화학, 물리, 생물) 중, 수험을 희망하는 대학이 지정하는 2과목을 선택해 수험해야 합니다.

• 이과와 종합과목을 동시에 수험하는 것은 불가능합니다.

• 수학은 코스1과 코스2로 구성되며, 수험을 희망하는 대학이 지정하는 코스를 수험해야 하지만, 문과계열 학부 및 수학을 필요로 하는 정도가 비교적 낮은 이과계열 학부에서 많이 필요로 하는 수학 코스1, 수학을 고도로 필요로 하는 학부에서 요구하는 수학 코스2가 있습니다.

• 득점 범위는 일본어 기술을 제외하고, 상대평가로 표시됩니다.

성적 결과

• 성적은 7월말, 12월말에 우편 통지 및 JASSO EJU 홈페이지에서 확인 할 수 있습니다.

• 성적의 유효 기간은 각 대학별로 상이합니다.

출제 내용 분석과 대책

전반적인 출제 경향

1. 출제 경향

큰 문제는 매년 Ⅰ～Ⅳ의 4문제이며, 근래 몇 년은 다음과 같은 형태로 출제되고 있습니다.

과목	Ⅰ	Ⅱ	Ⅲ	Ⅳ
빈출 범위	문제1 [2차함수] 문제2 [경우의 수·확률]	문제1 [수와 식] 문제2 [2차 함수]	[정수의 성질]	[삼각비] [평면도형] [공간 도형]에서도 출제

· **새로운 실러버스 출제 내용**

수와식, 2차 함수, 집합과 논리, 경우의 수와 확률, 정수의 성질, 도형과 계량.
도형의 성질(평면도형, 공간도형)

2. 대책

모든 분야에서 폭 넓게 출제되기 때문에, 출제 범위를 모두 공부해 두어야 합니다. 단지, 서둘러 공부한 나머지, 정답을 통으로 암기해 버리면 성과가 오르지 않습니다.

특징	전략	주의 사항
[수와 식] [2차함수]	문제를 1번 풀고 끝내는 것이 아니라, 조금 시간을 두고 나서 다시 풀어서 계산 속도를 올리는 트레이닝을 할 것	계산력 기르는 연습 필요
앞 문제 정답을 사용하여, 다음 문제의 답을 이끌어낸다는 문제가 많음	-정확하고 빠르게 계산할 수 있도록 충분하게 연습해 둘 것 -어이없는 실수를 하지 않도록, 숫자를 정확하게 쓸 것	초반 부분에 답을 틀리면, 다음 문제부터 전부 오답

각 분야의 대책

수와 식

빈출 문제

-무리식의 유리화 계산 문제

-실수의 정수 부분·소수 부분을 구하는 문제

대책

① '전개 · 인수분해 공식'을 완벽히 익혀 두어야 합니다.

② 확실한 계산력을 기르기 위해서 반복하여 연습해 두는 것이 필요합니다.

2차 함수

✿ EJU 수학 시험에서 **가장 많이 출제 되는 분야**입니다.

✿ 기본적인 부분부터 조금 어려운 부분까지 출제됩니다.

빈출 문제

-제곱 완성의 계산

-그래프의 평행 이동

-최대값·최소값

-2차 부등식

대책

확실한 계산력이 요구되므로, 반복해서 계산 연습이 필요합니다. 계산 속도를 올리기 위한 노력을 해 두어야 합니다.

경우의 수·확률

빈출 문제

-순열의 총수 nPk'

-조합의 총수 nCk'

-확률 공식 등

대책

① 우선은 교과서 등을 읽고, 용어 의미를 올바르게 이해하고 계산 연습을 해 두는 것이 중요합니다.

② 문제문이 긴 경우가 많기 때문에, 짧은 시간에 문제 의미를 이해하는 것이 필요합니다. 따라서, 문제를 정확히 해석하여, 출제에 익숙해지는 것이 좋습니다. 시간을 들여서 공부하면, 얻을 수 있는 것이 생각 이상으로 많은 분야입니다.

정수의 성질

✿ 2015년도부터 새롭게 추가된 분야입니다.

✿ 난이도가 조금씩 올라오고 있습니다.

대책

① '약수', '배수', '서로소' 등, 교과서를 잘 읽고 이 분야 특유의 용어를 이해해 두는 것이 중요합니다.

② 문제를 제대로 해석한 뒤 풀어주세요.

집합과 논리

✿ 근래 몇 년 독립된 큰 문제로서는 출제되지 않는 분야입니다.

빈출 문제

-집합을 사용하여 경우의 수와 정수의 문제를 푸는 문제

-필요 조건

-충분조건

대책

실제로 문제를 풀고, 집합 문제를 푸는 기술을 익혀 두는 것이 좋습니다.

삼각비와 평면 도형

✿ 문과 이과 상관 없이, 수학을 이해하기 위해서 꼭 필요한 부분입니다.

빈출 문제

-사인과 코사인, 면적 공식을 사용하여, 각도와 변의 길이, 삼각형의 면적을 구하는 문제

-'삼각형의 성질' '원주각의 성질' 등 중학교 수학 내용을 포함한 '평면 도형'도 출제

대책

① 등장하는 정리와 공식을 통으로 암기하지 말고 스스로 증명할 수 있도록 해 두는 것이 중요합니다.

② 서두르지 말고 교과서를 차분하게 잘 읽고 하나씩 이해해 갑시다.

주의

✰ 경우의 수와 확률, 정수의 성질, 삼각비와 평면 도형 분야는 등장하는 용어와 정리, 공식이 많습니다.

대책

① 등장하는 용어를 다른 사람에게 설명할 수 있는지 테스트해 봅시다!

② 단순하게 문제를 푸는 것 뿐만이 아니고, 다른 사람에게 실제로 설명하는 것을 실천해 가면 시간은 걸릴지 몰라도, 들인 시간만큼의 성과를 얻을 수 있습니다.

목차

본책

별책

EJU
日本留学試験
模試と解説
数学コース1

グローバル高等数学研究会

ask

第1回
模擬試験

I

問1　t を0，1と異なる実数とする。xy 平面上の3点

$$\mathrm{O}(0,\ 0),\ \mathrm{A}(1,\ 1),\ \mathrm{B}(t,\ t^2-t+1)\quad (t \neq 0,\ 1)$$

を通る放物線 C について考えよう。

(1) 放物線 C の式を $y=ax^2+bx+c$ とすると，C が点Oを通ることから

$$c=\boxed{\mathsf{A}}$$

であり，C が点Aを通ることから

$$b=\boxed{\mathsf{B}}-a$$

である。さらに，点Bを通ることから，C の式は

$$y=\left(\frac{t-\boxed{\mathsf{C}}}{t}\right)x^2+\left(\frac{\boxed{\mathsf{D}}}{t}\right)x$$

である。

(2) 放物線 C の頂点Cの座標は

$$\mathrm{C}\left(-\frac{1}{\boxed{\mathsf{E}}\left(t-\boxed{\mathsf{F}}\right)},\ -\frac{1}{\boxed{\mathsf{G}}\,t\left(t-\boxed{\mathsf{H}}\right)}\right)$$

である。

(3) 実数 t が $\dfrac{1}{4} \leqq t \leqq \dfrac{3}{4}$ の範囲で動くとする。このとき，頂点Cの y 座標のとり得る値の範囲は

$$\boxed{\mathsf{I}} \leqq y \leqq \frac{\boxed{\mathsf{J}}}{\boxed{\mathsf{K}}}$$

である。

問2　1から10までの自然数が1個ずつ書かれた10枚のカードが袋に入っている。袋からカードを3枚取り出して，数字の小さい順に a，b，c とする。

(1) このようなカードの取り出し方は **LMN** 通りある。

(2) $3 \leqq a+b \leqq 6$ を満たすようなカードの取り出し方を考えよう。
$a < b$ であることに注意すると，このような a，b の組 $(a,\ b)$ は **O** 個ある。このような $(a,\ b)$ に対して c のとり得る値の範囲を考えると，求める取り出し方は **PQ** 通りであることがわかる。

(3) 袋の中から任意に3枚のカードを取り出す試行を1回行うとき，$2 \leqq a+c \leqq 8$ を満たすようなカードの取り出し方をする確率は $\dfrac{\boxed{\text{RS}}}{\boxed{\text{TU}}}$ である。

- 計算欄（memo）-

I の問題はこれで終わりです。 I の解答欄 V ～ Z はマークしないでください。

Ⅱ

問 1　実数 $a=\dfrac{34}{7+\sqrt{15}}$ を 10 進数表示したとき，小数第 1 位に現れる数字を求めよう。ただし，実数 x を超えない最大の整数を **x の整数部分**，x から整数部分を取り除いた数を **x の小数部分**と呼ぶ。例えば，$x=7.53$ のときは

$$(x\text{ の整数部分})=7,\ (x\text{ の小数部分})=0.53$$

である。

(1) a の分母を有理化すると

$$a=\frac{34}{7+\sqrt{15}}=\boxed{\text{A}}-\sqrt{\boxed{\text{BC}}}$$

となる。これより

$$(a\text{ の整数部分})=\boxed{\text{D}},\ (a\text{ の小数部分})=\boxed{\text{E}}-\sqrt{\boxed{\text{FG}}}$$

である。

(2) a の小数部分を b とおく。$10b$ の整数部分が，a の小数第 1 位に現れる数字である。

ここで

$$10b=10\cdot\boxed{\text{E}}-\sqrt{100\cdot\boxed{\text{FG}}}$$

であり

$$\boxed{\text{HI}}^2<100\cdot\boxed{\text{FG}}<\left(\boxed{\text{HI}}+1\right)^2$$

である。したがって

$$\boxed{\text{J}}<10b<\boxed{\text{J}}+1$$

であり，$10b$ の整数部分，すなわち，a の小数第 1 位は $\boxed{\text{K}}$ である。

- 計算欄（memo）-

問 2　k を実数の定数とする。x の 2 次方程式

$$x^2-(k^2+2)x+\frac{k^4}{4}+2k^2-12=0 \qquad \cdots\cdots ①$$

が 0 以上の解を持つ条件を考えよう。

(1)　① の右辺を $f(x)$ とおいて平方完成すると

$$f(x)=\left(x-\frac{k^2+\boxed{\mathsf{L}}}{\boxed{\mathsf{M}}}\right)^2+k^2-\boxed{\mathsf{NO}}$$

である。したがって，① が 0 以上の解を少なくとも 1 つ持つ条件は

$$-\sqrt{\boxed{\mathsf{PQ}}}\leqq k\leqq\sqrt{\boxed{\mathsf{RS}}}$$

である。

(2)　① が，0 以上の解を 1 つだけ持つ条件は

$$-\boxed{\mathsf{T}}<k<\boxed{\mathsf{U}} \quad \text{または} \quad k=\pm\sqrt{\boxed{\mathsf{VW}}}$$

である。

- 計算欄（memo）-

| Ⅱ | の問題はこれで終わりです。 | Ⅱ | の解答欄 | X | ～ | Z | はマークしないでください。 |

III

自然数 $N!$ を

$$N! = M \cdot 3^n \quad (M \text{ は 3 で割り切れない自然数})$$

と表すとき，このような 0 以上の整数 n を求めよう。例えば，$N=6$ のときは，素因数分解すると

$$6! = 6 \cdot 5 \cdot 4 \cdot 3 \cdot 2 \cdot 1 = 2^4 \cdot 3^2 \cdot 5$$

であり，$n=2$ となる。

(1) $N=100$ の場合を，以下のように考えよう。

1 から 100 までの自然数の集合を U とするとき，U の部分集合で，3 の倍数全体の集合を A，3^2 の倍数全体の集合を B，3^3 の倍数全体の集合を C，3^4 の倍数の集合を D とする。ここで，集合 X に含まれる要素の個数を $n(X)$ とすると

$$n(A) = \boxed{\text{AB}}, \quad n(B) = \boxed{\text{CD}}$$

$$n(C) = \boxed{\text{E}}, \quad n(D) = \boxed{\text{F}}$$

である。次に，A と B の補集合 $\overline{B}$ に対して

$$n(A \cap \overline{B}) = \boxed{\text{GH}}$$

が成り立つ。同様に

$$n(B \cap \overline{C}) = \boxed{\text{I}}, \quad n(C \cap \overline{D}) = \boxed{\text{J}}$$

である。これらを用いると

$$n = \boxed{\text{KL}}$$

が得られる。

(2) $N=500$ の場合を (1) と同様にして計算すると

$$n = \boxed{\text{MNO}}$$

である。

- 計算欄（memo）-

Ⅲ	の問題はこれで終わりです。	Ⅲ	の解答欄	P	～	Z	はマークしないでください。

IV

三角形 ABC は

$$BC=\sqrt{7},\ \angle CAB=60^\circ,\ 3AB=2AC$$

を満たしている。三角形 ABC の外接円の中心を O として，直線 AO と辺 BC との交点を D とする。このとき，線分 AD の長さを求めよう。

三角形 ABC について余弦定理より

$$AB=\boxed{\text{A}},\ AC=\boxed{\text{B}}$$

であり，正弦定理より，外接円の半径 R は

$$R=\frac{\sqrt{\boxed{\text{CD}}}}{\boxed{\text{E}}}$$

である。よって，三角形 ABC の面積△ABC と三角形 OBC の面積△OBC は

$$\triangle ABC=\frac{\boxed{\text{F}}\sqrt{\boxed{\text{G}}}}{\boxed{\text{H}}},\quad \triangle OBC=\frac{\boxed{\text{I}}\sqrt{\boxed{\text{J}}}}{\boxed{\text{KL}}}$$

である。これより，線分の長さの比

$$\frac{OD}{AD}=\frac{\boxed{\text{M}}}{\boxed{\text{NO}}}$$

を得る。したがって，求める線分の長さは

$$AD=\frac{\boxed{\text{P}}\sqrt{\boxed{\text{QR}}}}{\boxed{\text{ST}}}$$

である。

- 計算欄（memo）-

Ⅳ の問題はこれで終わりです。 Ⅳ の解答欄 U ～ Z はマークしないでください。

第2回

模擬試験

I

問1　t を $0<t<2$ を満たす実数とする。xy 平面上の3点

$$A(0,\ 1),\ B(t,\ 0),\ C(t-2,\ 0)$$

を通る放物線を C として，C の頂点をDとする。このとき，以下の問いに答えなさい。

(1) 放物線 C の式は，C が2点B，Cを通ることから

$$y=a(x-t)\left(x-t+\boxed{\mathsf{A}}\right)$$

と表せる。ただし，a は0でない実数である。さらに，C は点Aを通ることから，C の式は

$$y=\left\{\frac{1}{t\left(t-\boxed{\mathsf{B}}\right)}\right\}x^2-\left\{\frac{\boxed{\mathsf{C}}\,t-\boxed{\mathsf{D}}}{t\left(t-\boxed{\mathsf{E}}\right)}\right\}x+\boxed{\mathsf{F}}$$

である。

(2) 頂点Dの座標は

$$D\left(t-\boxed{\mathsf{G}},\ -\frac{\boxed{\mathsf{H}}}{t\left(t-\boxed{\mathsf{I}}\right)}\right)$$

である。

(3) 放物線 C 上の2点E，Fを

$$DE=DF,\ \angle EDF=90^\circ$$

となるようにとる。このとき，直角二等辺三角形DEFの面積 S は，頂点Dを原点Oに移す平行移動を考えると

$$S=t^2\left(t-\boxed{\mathsf{J}}\right)^2$$

を得る。S は $t=\boxed{\mathsf{K}}$ のとき，最大値 $\boxed{\mathsf{L}}$ をとる。

問2　赤と黒のカードが5枚ずつ入った箱がある。以下のような2つの試行を考える。

試行1：　箱から2枚のカードを取り出して，代わりに赤のカード2枚を箱に入れる。

試行2：　箱から2枚のカードを取り出して，代わりに黒のカード2枚を箱に入れる。

このとき，以下の問いに答えなさい。

(1)　試行1だけを行う場合を考える。このとき，箱から赤のカード1枚と黒のカードを1枚取り出す確率は $\frac{\boxed{\text{M}}}{\boxed{\text{N}}}$ であり，箱から赤のカード2枚を取り出す確率は $\frac{\boxed{\text{O}}}{\boxed{\text{P}}}$ である。

(2)　試行1を行った後，続けて試行2を行う場合を考える。このとき，試行2において箱から赤のカード1枚と黒のカードを1枚取り出す確率は $\frac{\boxed{\text{QRS}}}{\boxed{\text{TUV}}}$ である。また，試行2を行った後，箱に入っている赤のカードと黒のカードの枚数が同じになる確率は $\frac{\boxed{\text{WXY}}}{\boxed{\text{TUV}}}$ である。

- 計算欄（memo）-

| I | の問題はこれで終わりです。 | I | の解答欄 | Z | はマークしないでください。 |

II

問 1　正の実数 x は

$$x^2+\frac{9}{x^2}=19 \qquad \cdots\cdots①$$

を満たしている。このとき，以下の問いに答えなさい。

(1) ① のとき

$$\left(x+\frac{3}{x}\right)^2=\boxed{\mathsf{AB}},\quad x+\frac{3}{x}=\boxed{\mathsf{C}}$$

である。したがって，① を満たす x は

$$x=\frac{\boxed{\mathsf{D}}\pm\sqrt{\boxed{\mathsf{EF}}}}{\boxed{\mathsf{G}}}$$

である。

(2) ① を満たす正の実数 x を a，b $(a>b)$ とおく。このとき，a の整数部分は $\boxed{\mathsf{H}}$，b の整数部分は $\boxed{\mathsf{I}}$，$a+\dfrac{1}{b}$ の整数部分は $\boxed{\mathsf{J}}$ である。

- 計算欄 (memo) -

問 2　a を実数の定数とする。x の 2 次関数

$$f(x)=x^2-2(a-1)ax+4a^2$$

の $x \geqq 2$ における最小値を m とする。このとき，以下の問いに答えなさい。

(1) $f(x)$ を平方完成すると

$$f(x)=\left\{x-\left(a-\boxed{\mathrm{K}}\right)a\right\}^2-a^4+\boxed{\mathrm{L}}\,a^3+\boxed{\mathrm{M}}\,a^2$$

である。

(2) (1) より，m は

$a \leqq \boxed{\mathrm{NO}}$ または $a \geqq \boxed{\mathrm{P}}$ のとき　$m=-a^2\left(a-\boxed{\mathrm{Q}}\right)\left(a+\boxed{\mathrm{R}}\right)$

$\boxed{\mathrm{NO}} < a < \boxed{\mathrm{P}}$ のとき　$m=\boxed{\mathrm{S}}\,a+\boxed{\mathrm{T}}$

である。

(3) $m \geqq 0$ となるとき，a のとり得る値の範囲は

$$\boxed{\mathrm{UV}} \leqq a \leqq \boxed{\mathrm{W}}$$

である。

- 計算欄 (memo) -

Ⅱ の問題はこれで終わりです。 Ⅱ の解答欄 X ～ Z はマークしないでください。

Ⅲ

正の整数 m, n は，不等式

$$2022 < \frac{m}{n} < \frac{14155}{7} \quad \cdots\cdots①$$

を満たす。このとき，以下の問いに答えなさい。

(1) $n=100$ のとき，① を満たす m は **AB** 個ある。

(2) ① を満たす最小の n は **C** であり，このときの m は **DEFGH** である。

(3) m, n がさらに

$$2022 < \frac{m}{n} < \frac{m+2}{n} < \frac{14155}{7}$$

を満たすとき，最小の n は **IJ** であり，このときの m は **KLMNO** である。

- 計算欄（memo）-

| Ⅲ | の問題はこれで終わりです。 | Ⅲ | の解答欄 | P | ～ | Z | はマークしないでください。 |

Ⅳ

三角形 ABC は

$$AB=5,\ BC=7,\ CA=8$$

を満たしている。三角形 ABC の内接円の中心を I として，直線 AI と辺 BC との交点を D とする。このとき，線分 ID の長さを求めてみよう。

三角形 ABC について余弦定理より

$$\cos\angle BAC=\frac{\boxed{A}}{\boxed{B}} \qquad \therefore\quad \angle BAC=\boxed{CD}^\circ$$

である。また，三角形 ABC の面積は

$$\triangle ABC=\boxed{EF}\sqrt{\boxed{G}}$$

である。これより，三角形 ABC の内接円の半径 r は

$$r=\sqrt{\boxed{H}}$$

である。

ここで，三角形 ABD の面積と三角形 ACD の面積の和が△ABC であることより，

$$AD=\frac{\boxed{IJ}\sqrt{\boxed{K}}}{\boxed{LM}}$$

である。また，A から辺 BC に垂線をおろしたときの交点を E とすると

$$AE=\frac{\boxed{NO}\sqrt{\boxed{P}}}{\boxed{Q}}$$

である。したがって，求める線分 ID の長さは

$$ID=\frac{\boxed{RS}\sqrt{\boxed{T}}}{\boxed{UV}}$$

である。

- 計算欄（memo）-

Ⅳ の問題はこれで終わりです。Ⅳ の解答欄 W ～ Z はマークしないでください。

第3回
模擬試験

I

問1　a を実数の定数とするとき，x の 2 次関数

$$f(x)=9x^2-12ax+2a^2+6a-6$$

を考える。放物線 $y=f(x)$ を C として，C の頂点を A とおく。このとき，以下の問いに答えなさい。

(1) 頂点 A の座標は

$$\mathrm{A}\left(\frac{\boxed{\mathsf{A}}}{\boxed{\mathsf{B}}}a,\ -\boxed{\mathsf{C}}\,a^2+\boxed{\mathsf{D}}\,a-6\right)$$

である。

(2) 頂点 A の y 座標は，$a=\dfrac{\boxed{\mathsf{E}}}{\boxed{\mathsf{F}}}$ のとき最大値 $-\dfrac{\boxed{\mathsf{G}}}{\boxed{\mathsf{H}}}$ をとる。

(3) 放物線 C と x 軸との 2 つの交点を B，C として，線分 BC の長さを ℓ とする。a が $0\leqq a\leqq 2$ の範囲で動くとき，ℓ のとり得る値の範囲は

$$\frac{\sqrt{\boxed{\mathsf{I}}}}{\boxed{\mathsf{J}}}\leqq \ell \leqq \frac{\boxed{\mathsf{K}}}{\boxed{\mathsf{L}}}\sqrt{\boxed{\mathsf{I}}}$$

である。

問2　数字の0が3個，1が3個，2が4個ある。これらを並べて10桁の整数を作る。このとき，次の問いに答えなさい。

(1) 最高位が1である整数は **MNOP** 個ある。また，10桁の整数は全部で **QRST** 個ある。

(2) 10の倍数である整数は **UVW** 個ある。10の倍数であるが100の倍数ではない整数は **XYZ** 個ある。

- 計算欄（memo）-

I の問題はこれで終わりです。

Ⅱ

問 1　$\frac{1}{2}(1+\sqrt{7})^3$ の整数部分を a，小数部分を b とする。このとき，以下の問いに答えなさい。

3 乗の計算をすると

$$\frac{1}{2}(1+\sqrt{7})^3 = \boxed{\mathsf{AB}} + \boxed{\mathsf{C}}\sqrt{\boxed{\mathsf{D}}}$$

である。ここで

$$\boxed{\mathsf{EF}} < \boxed{\mathsf{C}}\sqrt{\boxed{\mathsf{D}}} < \boxed{\mathsf{EF}} + 1$$

であり

$$a = \boxed{\mathsf{GH}},\quad b = \boxed{\mathsf{C}}\sqrt{\boxed{\mathsf{D}}} - \boxed{\mathsf{IJ}}$$

である。さらに

$$b - \frac{6}{b} = \boxed{\mathsf{KLM}}$$

である。

- 計算欄 (memo) -

問2　k を実数の定数として，x の 2 次関数

$$f(x)=x^2-2kx+1$$

を考える。このとき，$1 \leqq x \leqq 2$ を満たすすべての x が，2 次不等式

$$0<f(x)<3 \qquad \cdots\cdots ①$$

を満たすような k の条件を考えよう。

(1) $f(x)$ の $1 \leqq x \leqq 2$ における最小値を m とすると

$k<$ **N** のとき　$m=-$ **O** $k+$ **P**

N $\leqq k \leqq$ **Q** のとき　$m=-k^2+$ **R**

Q $<k$ のとき　$m=-$ **S** $k+$ **T**

である。

(2) $f(x)$ の $1 \leqq x \leqq 2$ における最大値を M とすると

$k \leqq \dfrac{\boxed{\text{U}}}{\boxed{\text{V}}}$ のとき　$M=-$ **S** $k+$ **T**

$\dfrac{\boxed{\text{U}}}{\boxed{\text{V}}}<k$ のとき　$M=-$ **O** $k+$ **P**

である。

(3) (1)の m，(2)の M を用いると，不等式 ① が成り立つ条件は

$$m>0 \quad かつ \quad M<3$$

である。したがって，求める k の条件は

$$\frac{\boxed{\text{W}}}{\boxed{\text{X}}}<k<\boxed{\text{Y}}$$

である。

- 計算欄（memo）-

Ⅱ の問題はこれで終わりです。 Ⅱ の解答欄 Z はマークしないでください。

III

n を正の整数とするとき，$4n^2-1$ が 21 の倍数になる条件を考えよう。

(1) $4n^2-1$ が 3 の倍数になるとき，n を 3 で割った余りは **A** ， **B** である。ただし，**A** < **B** である。

(2) $4n^2-1$ が 7 の倍数であるとき，$4n^2-1=7m$ (m は整数) とおける。これより

$$8n^2= \boxed{\text{CD}}\,m+\boxed{\text{E}}$$

であり，n^2 を 7 で割った余りは **F** である。これより，n を 7 で割った余りは，**G** ，**H** である。ただし，**G** < **H** である。

(3) (1)，(2) より，$4n^2-1$ が 21 の倍数になる条件は，n を 21 で割った余りが **I** ，**JK** ，**LM** ，**NO** になることである。ただし，**JK** < **LM** < **NO** である。

- 計算欄（memo）-

Ⅲ の問題はこれで終わりです。 Ⅲ の解答欄 P ～ Z はマークしないでください。

Ⅳ

三角形 ABC は

$$AB = 4, \quad BC = 5, \quad CA = 6$$

を満たしている。三角形 ABC の重心を G，直線 AG と辺 BC との交点を D とする。このとき，以下の問いに答えなさい。

三角形 ABC について余弦定理より

$$\cos\angle ABC = \frac{\boxed{A}}{\boxed{B}} \qquad \therefore \quad \sin\angle ABC = \frac{\boxed{C}\sqrt{\boxed{D}}}{\boxed{E}}$$

である。また，三角形 ABC の面積は

$$\triangle ABC = \frac{\boxed{FG}\sqrt{\boxed{H}}}{\boxed{I}}$$

である。

次に，三角形 ABD について余弦定理を用いると

$$AD = \frac{\sqrt{\boxed{JK}}}{\boxed{L}}$$

である。したがって

$$\sin\angle ADB = \frac{\boxed{M}\sqrt{\boxed{NOP}}}{\boxed{QR}}$$

である。また，三角形 ABD の外接円の半径 R_2 と三角形 ABC の外接円の半径 R_1 との比は

$$\frac{R_2}{R_1} = \frac{\sqrt{\boxed{ST}}}{\boxed{UV}}$$

である。

- 計算欄（memo）-

Ⅳ の問題はこれで終わりです。Ⅳ の解答欄 W ～ Z はマークしないでください。

- 計算欄（memo）-

- 計算欄（memo）-

第4回

模擬試験

I

問１　t を正の実数とする。xy 平面上の３点

$$\mathrm{O}(0,\ 0),\ \mathrm{A}(4t,\ 4t),\ \mathrm{B}(-3t,\ 3t)$$

を通る放物線を C として，C の頂点をCとする。このとき以下の問いに答えなさい。

(1) 放物線 C の式を $y=ax^2+bx+c$ とすると，C が点Oを通ることから

$$c=\boxed{\mathsf{A}}$$

である。さらに，C が点Aを通ることから

$$\boxed{\mathsf{B}}\,ta+b=1$$

であり，C が点Bを通ることから

$$\boxed{\mathsf{C}}\,ta-b=1$$

である。これより，C の方程式は

$$y=\left(\frac{\boxed{\mathsf{D}}}{\boxed{\mathsf{E}}\,t}\right)x^2-\frac{1}{\boxed{\mathsf{F}}}x$$

であり，頂点 C の座標は

$$\mathrm{C}\left(\frac{1}{\boxed{\mathsf{G}}}t,\ -\frac{1}{\boxed{\mathsf{HI}}}t\right)$$

である。

(2) 放物線 C と x 軸の交点でOでないものをDとする。t が $2\leqq t\leqq 4$ の範囲で動くとき，三角形OCDの面積△OCDのとり得る値の範囲は

$$\frac{1}{\boxed{\mathsf{JK}}}\leqq \triangle\mathrm{OCD}\leqq\frac{1}{\boxed{\mathsf{LM}}}$$

である。

問2　Aさんは赤い球2個と白い球1個が入った袋を持っていて，Bさんは赤い球1個と白い球2個が入った袋を持っている。AさんとBさんは，自分の袋から球を1個取り出して，球の色を確認した後、互いの球を交換して自分の袋に入れる，という試行を行う。ここで，Aさんの赤い球がn個$(n=0,\ 1,\ 2,\ 3)$のときを状態nとする。試行を行う前は状態2である。このとき，次の問いに答えなさい。

(1)　1回目の試行で，AさんとBさんが同じ色の球を取り出すとき，この確率は$\dfrac{\boxed{\mathsf{N}}}{\boxed{\mathsf{O}}}$である。

このとき，状態2から再び状態2になる。

(2)　1回目の試行後に，状態2から状態1に移る確率は$\dfrac{\boxed{\mathsf{P}}}{\boxed{\mathsf{Q}}}$であり，状態2から状態0に移る確率は$\boxed{\mathsf{R}}$である。

(3)　1回目の試行後に別の状態に移り，かつ，2回目の試行後に状態2に戻る確率は$\dfrac{\boxed{\mathsf{ST}}}{\boxed{\mathsf{UV}}}$である。

(4)　1回目の試行後に別の状態に移り，かつ，4回目の試行後に初めて状態2に戻る確率は$\dfrac{\boxed{\mathsf{WXY}}}{9^{\boxed{\mathsf{Z}}}}$である。

- 計算欄（memo）-

I の問題はこれで終わりです。

Ⅱ

問1　実数 $\sqrt{2}+\sqrt{3}$ の整数部分を a，小数部分を b とするとき，$\dfrac{1}{b}$ の整数部分を求めよう。

(1)　$\sqrt{2}$，$\sqrt{3}$ について

$$\frac{\boxed{\text{AB}}}{10}<\sqrt{2}<\frac{\boxed{\text{AB}}+1}{10},\quad \frac{\boxed{\text{CD}}}{10}<\sqrt{3}<\frac{\boxed{\text{CD}}+1}{10}$$

である。これより，$\sqrt{2}+\sqrt{3}$ の整数部分 a は

$$a=\boxed{\text{E}}$$

である。

(2)　(1)より，$\sqrt{2}+\sqrt{3}$ の小数部分 b について

$$\frac{1}{b}=\frac{\boxed{\text{F}}\sqrt{2}+\boxed{\text{G}}\sqrt{3}+\boxed{\text{H}}\sqrt{6}+6}{4}$$

となる。ここで

$$\frac{\boxed{\text{IJ}}}{10}<\boxed{\text{F}}\sqrt{2}<\frac{\boxed{\text{IJ}}+1}{10},\quad \frac{\boxed{\text{KL}}}{10}<\boxed{\text{G}}\sqrt{3}<\frac{\boxed{\text{KL}}+1}{10}$$

$$\frac{\boxed{\text{MN}}}{10}<\boxed{\text{H}}\sqrt{6}<\frac{\boxed{\text{MN}}+1}{10}$$

である。したがって，$\dfrac{1}{b}$ の整数部分は $\boxed{\text{O}}$ である。

- 計算欄（memo）-

問 2　次の文中の **Q** , **S** , **T** には，下の選択肢 ⓪ ～ ⑧ の中から適するものを選び，その他の □ には適する数を入れなさい。

a を実数の定数とする。x の 2 次関数

$$f(x)=x^2+2ax+a$$

について，$a-2 \leqq x \leqq a+2$ における最小値を $m(a)$ とする。このとき，以下の問いに答えなさい。

(1) $m(a)$ は

$a >$ **P** のとき $m(a)=$ **Q**

$-$ **R** $\leqq a \leqq$ **P** のとき $m(a)=$ **S**

$a < -$ **R** のとき $m(a)=$ **T**

である。

(2) a を実数全体の範囲で動かしたとき，$m(a)$ は，$a=-\dfrac{\boxed{\mathrm{U}}}{\boxed{\mathrm{V}}}$ のとき最小値 $-\dfrac{\boxed{\mathrm{WX}}}{\boxed{\mathrm{Y}}}$ をとる。

選択肢

⓪ $3a^2+a+4$	① $3a^2+7a+4$	② $3a^2+8a+4$
③ $3a^2+9a+4$	④ $3a^2-7a+4$	⑤ $3a^2-8a+4$
⑥ $3a^2-9a+4$	⑦ a^2+a	⑧ $-a^2+a$

- 計算欄（memo）-

| Ⅱ | の問題はこれで終わりです。 | Ⅱ | の解答欄 | Z | はマークしないでください。 |

Ⅲ

次の文中の $\boxed{\text{A}}$, $\boxed{\text{D}}$, $\boxed{\text{G}}$, $\boxed{\text{J}}$, $\boxed{\text{M}}$ には，下の選択肢 ⓪ ～ ② の中から適するものを選び，その他の $\boxed{}$ には適する数を入れなさい。

$\dfrac{4}{5}$ を 3 進小数で表わしたとき，小数第 2022 位の数字を求めよう。ただし，3 進小数は，例えば

$$(0.1201)_{(3)} = 1\times\frac{1}{3}+2\times\left(\frac{1}{3}\right)^2+0\times\left(\frac{1}{3}\right)^3+1\times\left(\frac{1}{3}\right)^4$$

と表記する。

(1) 小数第 1 位から順番に求めていくと

$$\frac{4}{5}\times 3=\boxed{\text{A}}+\frac{\boxed{\text{B}}}{\boxed{\text{C}}},\qquad \frac{\boxed{\text{B}}}{\boxed{\text{C}}}\times 3=\boxed{\text{D}}+\frac{\boxed{\text{E}}}{\boxed{\text{F}}},$$

$$\frac{\boxed{\text{E}}}{\boxed{\text{F}}}\times 3=\boxed{\text{G}}+\frac{\boxed{\text{H}}}{\boxed{\text{I}}},\qquad \frac{\boxed{\text{H}}}{\boxed{\text{I}}}\times 3=\boxed{\text{J}}+\frac{\boxed{\text{K}}}{\boxed{\text{L}}},$$

$$\frac{\boxed{\text{K}}}{\boxed{\text{L}}}\times 3=\boxed{\text{M}}+\frac{\boxed{\text{N}}}{\boxed{\text{O}}}$$

である。したがって，$\dfrac{4}{5}$ を 3 進小数で表わすと

$$\frac{4}{5}=\left(0.\boxed{\text{P}}\,\boxed{\text{Q}}\,\boxed{\text{R}}\,\boxed{\text{S}}\,\boxed{\text{T}}\,\boxed{\text{U}}\,\boxed{\text{V}}\,\boxed{\text{W}}\,\boxed{\text{X}}\cdots\right)_{(3)}$$

であり，小数第 2022 位の数字は $\boxed{\text{Y}}$ である。

(2) (1) と同様にして計算すると，$\dfrac{3}{7}$ を 3 進小数で表わしたとき，小数第 2022 位の数字は $\boxed{\text{Z}}$ である。

選択肢

⓪ 0　　① 1　　② 2

- 計算欄（memo）-

Ⅲ の問題はこれで終わりです。

Ⅳ

三角形 ABC は

$$AB=4,\ BC=5,\ CA=3$$

を満たしている。三角形 ABC の内接円について，辺 BC との接点を D，辺 CA との接点を E，辺 AB との接点を F とする。さらに，三角形 ABC の内接円の半径を r，三角形 DEF の内接円の半径を r' とする。このとき，$\dfrac{r}{r'}$ を求めよう。

最初に

$$r=\boxed{\mathsf{A}}$$

である。次に

$$AE=AF=\boxed{\mathsf{B}},\ BD=BF=\boxed{\mathsf{C}},\ CD=CE=\boxed{\mathsf{D}}$$

である。これより

$$EF=\sqrt{\boxed{\mathsf{E}}},\ FD=\frac{\boxed{\mathsf{F}}\sqrt{\boxed{\mathsf{GH}}}}{\boxed{\mathsf{I}}},\ DE=\frac{\boxed{\mathsf{J}}\sqrt{\boxed{\mathsf{K}}}}{\boxed{\mathsf{L}}}$$

である。

ここで， 三角形 AFE の面積△AFE と三角形 ABC の面積△ABC について

$$\triangle AFE=\frac{\boxed{\mathsf{M}}}{\boxed{\mathsf{NO}}}\triangle ABC$$

である。同様に，三角形 BDF の面積△BDF について

$$\triangle BDF=\frac{\boxed{\mathsf{P}}}{\boxed{\mathsf{QR}}}\triangle ABC$$

であり，三角形 CED の面積△CED について

$$\triangle CED=\frac{\boxed{\mathsf{S}}}{\boxed{\mathsf{TU}}}\triangle ABC$$

（Ⅳ は次ページに続く）

である。よって，三角形DEFの面積△DEFについて

$$\triangle DEF = \frac{\boxed{V}}{\boxed{W}} \triangle ABC$$

である。

したがって

$$\frac{r}{r'} = \frac{\boxed{X}\sqrt{2} + \boxed{Y}\sqrt{5} + \boxed{Z}\sqrt{10}}{12}$$

である。

Ⅳ の問題はこれで終わりです。

- 計算欄（memo）-

- 計算欄 (memo) -

第5回
模擬試験

I

問1　a を正の実数とする。2つの2次関数

$$f(x)=(a^2+1)x^2+(2a-3)x+3,\quad g(x)=5x^2-4x+3$$

を考える。このとき，次の問いに答えなさい。

(1)　放物線 $y=f(x)$ を，x 軸方向に p，y 軸方向に q だけ平行移動すると放物線 $y=g(x)$ になった。このとき，$a=$ **A** であり，放物線 $y=f(x)$ の頂点の座標は

$$\left(-\frac{1}{\boxed{\text{BC}}},\ \frac{\boxed{\text{DE}}}{\boxed{\text{FG}}}\right)$$

である。したがって

$$p=\frac{\boxed{\text{H}}}{\boxed{\text{I}}},\quad q=-\frac{\boxed{\text{J}}}{\boxed{\text{K}}}$$

である。

(2)　$a=$ **A** のとき，放物線 $y=f(x)$ を y 軸方向に r だけ平行移動すると，x 軸の $x\geqq 1$ の部分と交わった。このような r の最大値は $-$ **L** である。

問2　4枚の赤色のカードそれぞれに1，2，3，4の数字を書き，4枚の青色のカードそれぞれに1，2，3，4の数字を書く。これらの8枚のカードから4枚を選んで左から順に並べる試行を行う。並んだカードの数字を左から順にx，y，z，wとして，次のルールにより得点をもらえるとする。

(i) $x<y<z<w$の場合は，3点をもらえる。

(ii) $x \leqq y \leqq z \leqq w$，かつ，同じ数字のカードが1種類ある場合は，2点をもらえる。

(iii) $x \leqq y \leqq z \leqq w$，かつ，同じ数字のカードが2種類ある場合は，1点をもらえる。

(iv) 上記以外の場合は0点とする。

例えば，赤1，赤2，青2，青3と並んだ場合は1点であり，赤2，赤3，青3，赤1と並んだ場合は0点である。このとき，次の問いに答えなさい。

(1) 3点をもらえる確率は$\dfrac{1}{\boxed{\text{MNO}}}$である。

(2) 2点をもらえる確率は$\dfrac{\boxed{\text{P}}}{\boxed{\text{QR}}}$である。

(3) 1点をもらえる確率は$\dfrac{1}{\boxed{\text{ST}}}$であり，0点である確率は$\dfrac{\boxed{\text{UVW}}}{\boxed{\text{XYZ}}}$である。

- 計算欄（memo）-

| I | の問題はこれで終わりです。

Ⅱ

問1　2つの実数

$$x=\frac{1}{1-\sqrt{2}+\sqrt{3}},\ \ y=\frac{1}{1+\sqrt{2}+\sqrt{3}}$$

について，以下の問いに答えなさい。

(1) x，y の整数部分を求めてみよう。

x，y について

$$xy=\frac{1}{\boxed{\text{A}}+\boxed{\text{B}}\sqrt{\boxed{\text{C}}}}$$

であり，また

$$\frac{1}{x}+\frac{1}{y}=\boxed{\text{D}}+\boxed{\text{E}}\sqrt{\boxed{\text{F}}}$$

である。したがって

$$x+y=\boxed{\text{G}}$$

であり，x の整数部分は $\boxed{\text{H}}$，y の整数部分は $\boxed{\text{I}}$ である。

(2) $\dfrac{x}{y}$ の整数部分を求めてみよう。

分母を有理化すると

$$\frac{x}{y}=\frac{1+\sqrt{2}+\sqrt{3}}{1-\sqrt{2}+\sqrt{3}}$$

$$=\frac{\left\{\left(1+\sqrt{3}\right)+\sqrt{2}\right\}^2}{\left\{\left(1+\sqrt{3}\right)-\sqrt{2}\right\}\left\{\left(1+\sqrt{3}\right)+\sqrt{2}\right\}}$$

$$=\sqrt{\boxed{\text{J}}}+\sqrt{\boxed{\text{K}}}$$

である。ただし，$\boxed{\text{J}}<\boxed{\text{K}}$ とする。したがって，$\dfrac{x}{y}$ の整数部分は $\boxed{\text{L}}$ である。

- 計算欄 (memo) -

問2　a を実数の定数とする。x の2次方程式

$$x^2-2ax+2a^2-a=0 \qquad \cdots\cdots ①$$

を考える。このとき，以下の問いに答えなさい。

(1) ① が実数解を持つような a の範囲は

$$\boxed{\mathsf{M}} \leqq a \leqq \boxed{\mathsf{N}} \qquad \cdots\cdots ②$$

である。

(2) ② を満たすとき，① の解 x のとり得る値の範囲を求めよう。

① の右辺を a についてまとめた式を $g(a)$ として，a に関して平方完成すると

$$g(a)=2a^2-(2x+1)a+x^2$$

$$=2\left(a-\frac{2x+1}{\boxed{\mathsf{O}}}\right)^2+\frac{1}{\boxed{\mathsf{P}}}x^2-\frac{1}{\boxed{\mathsf{Q}}}x-\frac{1}{\boxed{\mathsf{R}}}$$

である。そこで，a の2次方程式

$$g(a)=0 \qquad \cdots\cdots ③$$

を考えて，③ が ② の範囲に解を持つような x の条件を考えればよい。さらに

$$g\left(\boxed{\mathsf{M}}\right) \geqq 0,\ g\left(\boxed{\mathsf{N}}\right) \geqq 0$$

に注意すると，求める x のとり得る値の範囲は

$$\frac{\boxed{\mathsf{S}}-\sqrt{\boxed{\mathsf{T}}}}{\boxed{\mathsf{U}}} \leqq x \leqq \frac{\boxed{\mathsf{V}}+\sqrt{\boxed{\mathsf{W}}}}{\boxed{\mathsf{X}}}$$

である。

- 計算欄（memo）-

II	の問題はこれで終わりです。	II	の解答欄	Y	, Z	はマークしないでください。

Ⅲ

整数 m は，$1 \leqq m \leqq 100$ を満たし，かつ，$\dfrac{m}{45}$ が既約分数であるとする。また，整数 n は，$10 \leqq n \leqq 99$ を満たし，かつ，$\dfrac{37}{n}$ は既約分数であるとする。このとき，以下の問いに答えなさい。

(1) $1 \leqq m \leqq 100$，かつ，$\dfrac{m}{45}$ が既約分数になるような整数 m の個数を求めてみよう。

45 を素因数分解すると

$$45 = \boxed{\mathsf{A}}^{\boxed{\mathsf{B}}} \cdot \boxed{\mathsf{C}}$$

である。よって，$\dfrac{m}{45}$ が既約分数であることから，m は，$\boxed{\mathsf{A}}$ の倍数ではなく，かつ，$\boxed{\mathsf{C}}$ の倍数ではない。

ここで，$1 \leqq m \leqq 100$ を満たす整数の中で，$\boxed{\mathsf{A}}$ の倍数の集合を A，$\boxed{\mathsf{C}}$ の倍数の集合を B とすると，A に含まれる要素の個数 $n(A)$，B に含まれる要素の個数 $n(B)$，$A \cap B$ に含まれる要素の個数 $n(A \cap B)$，$A \cup B$ に含まれる要素の個数 $n(A \cap B)$ は

$$n(A) = \boxed{\mathsf{DE}}, \quad n(B) = \boxed{\mathsf{FG}},$$
$$n(A \cap B) = \boxed{\mathsf{H}}, \quad n(A \cup B) = \boxed{\mathsf{IJ}}$$

である。したがって，求める m の個数は $\boxed{\mathsf{KL}}$ である。

(2) $\dfrac{m}{45} + 2 \cdot \dfrac{37}{n}$ が整数になるような m，n は

$$n = \boxed{\mathsf{MN}} \quad \text{のとき} \quad m = \boxed{\mathsf{OP}},\ \boxed{\mathsf{QR}}$$
$$n = \boxed{\mathsf{ST}} \quad \text{のとき} \quad m = \boxed{\mathsf{U}},\ \boxed{\mathsf{VW}},\ \boxed{\mathsf{XY}}$$

である。ただし，$\boxed{\mathsf{MN}} < \boxed{\mathsf{ST}}$，$\boxed{\mathsf{OP}} < \boxed{\mathsf{QR}}$，$\boxed{\mathsf{VW}} < \boxed{\mathsf{XY}}$ である。

- 計算欄（memo）-

| Ⅲ | の問題はこれで終わりです。 | Ⅲ | の解答欄 | Z | はマークしないでください。 |

Ⅳ

図のように，円 C に四角形 ABCD が内接している。ただし，円 C の中心は O であり，また

$$AB=6,\ BC=3,\ CD=4,\ DA=3$$

である。このとき，次の問いに答えなさい。

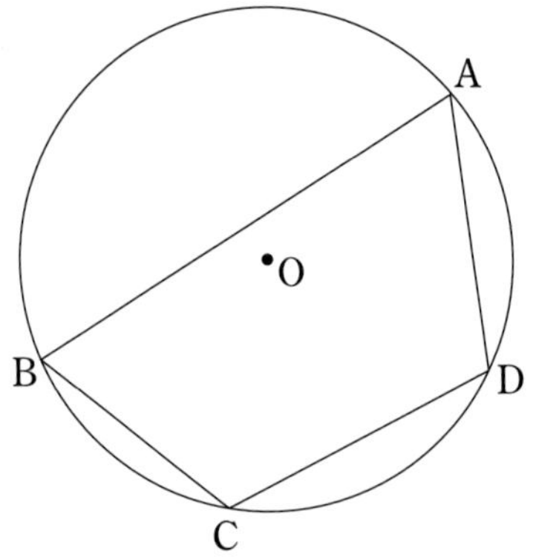

(1) 三角形 DAB と三角形 BCD について，余弦定理より

$$\cos\angle DAB=\frac{\boxed{A}}{\boxed{B}},\quad BD=\sqrt{\boxed{CD}}$$

である。よって，円 C の半径 R は

$$R=\frac{\boxed{E}\sqrt{\boxed{FG}}}{\boxed{H}}$$

である。また，中心 O から辺 AB に垂線をおろしたときの交点を H とすると

$$OH=\frac{\boxed{I}\sqrt{\boxed{J}}}{\boxed{K}}$$

である。

（Ⅳ は次ページに続く）

(2) 直線ADと直線BCとの交点をEとするとき，線分OEの長さを求めよう。

三角形ABCと三角形CDAについて，余弦定理より

$$\cos\angle ABC = \frac{\boxed{L}}{\boxed{M}}$$

である。よって，三角形EABと三角形EDCについて

$$\frac{ED}{EA} = \frac{\boxed{N}}{\boxed{O}}$$

であり，これより

$$EA = \boxed{P},\quad EB = \boxed{Q}$$

である。したがって

$$OE = \frac{\boxed{RS}\sqrt{\boxed{T}}}{\boxed{U}}$$

である。

$\boxed{\text{Ⅳ}}$ の問題はこれで終わりです。$\boxed{\text{Ⅳ}}$ の解答欄 $\boxed{V}$ ～ $\boxed{Z}$ はマークしないでください。

第6回

模擬試験

I

問1　k を実数とする。xy 平面上の3点

$$A(0,\ 7k^2+4k+4),\ B(1,\ 14k^2+4k+11),\ C(-1,\ 2k^2+4k-1)$$

を通る放物線を C として，C の頂点をPとする。このとき，以下の問いに答えなさい。

(1) 放物線 C の方程式は

$$y=\left(k^2+\boxed{\text{A}}\right)x^2+\boxed{\text{B}}\left(k^2+\boxed{\text{C}}\right)x+7k^2+4k+4$$

であり，頂点Pの座標は

$$P\left(-\boxed{\text{D}},\ -\boxed{\text{E}}k^2+\boxed{\text{F}}k-\boxed{\text{G}}\right)$$

である。

(2) k が実数全体を動くとき，頂点Pの y 座標は

$k=\boxed{\text{H}}$ のとき，最大値 $\boxed{\text{IJ}}$

をとる。また，$k=\boxed{\text{H}}$ のとき，放物線 C と x 軸との交点の x 座標は

$$x=\boxed{\text{KL}}\pm\frac{\sqrt{\boxed{\text{M}}}}{\boxed{\text{N}}}$$

である。

問2　8個のボールのそれぞれに,1から8までの数字を1つずつ書く。これらの8個のボールを,箱Aに3個，箱Bに3個，箱Cに2個入れる。このとき，以下の問いに答えなさい。

(1) 8個のボールの入れ方の総数は **OPQ** である。

(2) 箱Aに入った3個のボールの番号の積が3の倍数ではない場合，このようなボールの入れ方の総数は **RST** である。また，箱Aと箱Bの両方について，箱に入った3個のボールの番号の積が3の倍数ではない場合，このようなボールの入れ方の総数は **UV** である。

(3) 箱Aに入った3個のボールの番号の積が3の倍数であり，かつ，箱Bに入った3個のボールの番号の積が3の倍数ではない場合，このようなボールの入れ方の総数は **WXY** である。

- 計算欄（memo）-

I の問題はこれで終わりです。 I の解答欄 Z はマークしないでください。

Ⅱ

問1　2つの実数

$$x=\frac{1}{\sqrt{6}+2},\ y=\frac{1}{\sqrt{6}-2}$$

について，x^4 の整数部分と y^4 の整数部分を求めよう。

(1) x，y について

$$(xy)^4=\frac{\boxed{\text{A}}}{\boxed{\text{BC}}}$$

である。また

$$\frac{1}{x^4}+\frac{1}{y^4}=(\sqrt{6}+2)^4+(\sqrt{6}-2)^4$$

$$=\left\{(\sqrt{6}+2)^2+(\sqrt{6}-2)^2\right\}^2-2\left\{(\sqrt{6}+2)(\sqrt{6}-2)\right\}^2$$

$$=\boxed{\text{DEF}}$$

である。したがって

$$x^4+y^4=\frac{\boxed{\text{GH}}}{\boxed{\text{I}}}$$

である。

(2) x^4 の整数部分は $\boxed{\text{J}}$ であり，y^4 の整数部分は $\boxed{\text{KL}}$ である。

- 計算欄（memo）-

問 2　a を実数の定数として，x の 2 次関数

$$f(x)=x^2-(2a-1)x+8-2a$$

を考える。さらに，xy 平面上に 4 点

O(0, 0), A(4, 0), B(4, 8), C(0, 8)

を頂点とする長方形 ABCD をおく。このとき，以下の問いに答えなさい。

(1) 放物線 $y=f(x)$ が，2 辺 OC，AB と交わる条件は

$$\boxed{\text{M}} \leqq a \leqq \frac{\boxed{\text{NO}}}{\boxed{\text{P}}} \quad \cdots\cdots①$$

である。

(2) ① を満たして，かつ，放物線 $y=f(x)$ が辺 OA と 2 点で交わる条件は

$$-\frac{\boxed{\text{Q}}}{\boxed{\text{R}}}+\boxed{\text{S}}\sqrt{\boxed{\text{T}}}<a \leqq \frac{\boxed{\text{UV}}}{\boxed{\text{W}}}$$

である。

- 計算欄（memo）-

| Ⅱ | の問題はこれで終わりです。 | Ⅱ | の解答欄 | X | ～ | Z | はマークしないでください。 |

III

整数 a を 10 で割ったときの商を k，余りを r として，整数 b を 10 で割ったときの商を ℓ，余りを q とすると

$$a=10k+r,\ b=10\ell+q$$

である。このとき

$$(a+b)-(r+q) = 10(k+\ell)$$
$$ab-rq = 10(k\ell+kq+\ell r)$$

が成り立つ。すなわち，和を 10 で割ったときの余りは，余りの和を 10 で割ったときの余りに等しく，積を 10 で割ったときの余りは，余りの積を 10 で割ったときの余りに等しい。このことに注意して，以下の問いに答えなさい。

(1) 正の整数 3^n+7^n を 10 で割ったときの余りを求めよう。

3^n を 10 で割ったときの余りは

$n=1$ のとき **A**，$n=2$ のとき **B**，$n=3$ のとき **C**，
$n=4$ のとき **D**，$n=5$ のとき **E**

である。また，7^n を 10 で割ったときの余りは

$n=1$ のとき **F**，$n=2$ のとき **G**，$n=3$ のとき **H**，
$n=4$ のとき **I**，$n=5$ のとき **J**

である。したがって，3^n+7^n を 10 で割ったときの余りは

$n=1$ のとき **K**，$n=2$ のとき **L**，$n=3$ のとき **M**，
$n=4$ のとき **N**，$n=5$ のとき **O**

であり，$n=2022$ のとき余りは **P** である。

(2) (1) と同様にして計算すると，正の整数 7^n+8^n を 10 で割ったときの余りは

$n=1$ のとき **Q**，$n=2$ のとき **R**，$n=3$ のとき **S**，
$n=4$ のとき **T**，$n=5$ のとき **U**

であり，$n=2022$ のとき余りは **V** である。

- 計算欄（memo）-

Ⅲ の問題はこれで終わりです。 Ⅲ の解答欄 W ～ Z はマークしないでください。

IV

次の文中の [I]，[P] には，右下の選択肢 ⓪ ～ ③ の中から適するものを選び，その他の [ ] には適する数を入れなさい。

四面体 ABCD があり，各辺の長さは

$$AB=4,\ BC=\sqrt{46},\ CA=6,\ DA=DB=DC$$

を満たしている。また，中心を O とする球面 S が四面体 ABCD に外接していて，O は平面 ABC 上にある。このとき，四面体 ABCD の体積 V を求めよう。

(1) 三角形 ABC について

$$\cos\angle BAC=\frac{\boxed{A}}{\boxed{B}},\quad \sin\angle BAC=\frac{\boxed{C}}{\boxed{D}}\sqrt{\boxed{E}}$$

であり，三角形 ABC の面積△ABC は

$$\triangle ABC=\frac{\boxed{F}}{\boxed{G}}\sqrt{\boxed{H}}$$

である。また，点 O は三角形 ABC の [I] であり，球面 S の半径 R は

$$R=\frac{\boxed{J}}{\boxed{KL}}\sqrt{\boxed{MNO}}$$

である。

([IV] は次ページに続く)

(2) 点Dから平面ABCに垂線をおろしたときの交点をHとすると，点Hは三角形ABCの **P** である。したがって

$$DA = DB = DC = \frac{\boxed{Q}}{\boxed{RS}}\sqrt{\boxed{TUV}}$$

であり，また，求める四面体ABCDの体積Vは

$$V = \boxed{W}\sqrt{\boxed{XY}}$$

である。

選択肢

⓪ 重心　① 内心　② 外心　③ 垂心

Ⅳ の問題はこれで終わりです。**Ⅳ** の解答欄 **Z** はマークしないでください。

付録　50 音順重要用語一覧

日本語	英語	中国語	韓国語	ベトナム語
A − Z				
n 進法（しんほう）	n	n 进制	n 진법	hệ cơ số n
x 軸（じく）	x	x 轴	x 축	trục x
y 軸（じく）	y	y 轴	y 축	trục y
あ行				
余り（あまり）		余数	나머지	dư
移項（いこう）		移项	이항	hoán vị
1 次不定方程式（いちじふていほうていしき）		1 次不定方程式	일차부정방정식	phương trình vô định bậc nhất
一の位（いちのくらい）		个位	일의 자리	hàng đơn vị
因数（いんすう）		因数，因式	인수	thừa số
因数分解（いんすうぶんかい）		因式分解	인수분해	phân tích thừa số
裏（うら）		否命题	이	nghịch đảo
鋭角（えいかく）		锐角	예각	góc nhọn
鋭角三角形（えいかくさんかくけい）		锐角三角形	예각삼각형	tam giác góc nhọn
円周角（えんしゅうかく）		圆周角	원주각	góc nội tiếp
円順列（えんじゅんれつ）		循环排列	원순열	hoán vị vòng quanh
か行				
解（かい）		根	해 , 근	nghiệm
外角（がいかく）		外角	외각	góc ngoài
階乗（かいじょう）		阶乘	계승	giai thừa
外心（がいしん）		外心	외심	tâm đường tròn ngoại tiếp
外接（がいせつ）		外切	외접	ngoại tiếp
外接円（がいせつえん）		外切圆	외접원	đường tròn ngoại tiếp
外分（がいぶん）		外分	외분	chia ngoài
確率（かくりつ）		概率	확률	xác suất
かつ		且	또한	và
仮定（かてい）		假设	가정	giả định
加法（かほう）		加法	덧셈	phép cộng
関数（かんすう）		函数	함수	hàm số
偽（ぎ）		假	거짓	sai

日本語	英語	中国語	韓国語	ベトナム語
奇数(きすう)		奇数	홀수	số lẻ
逆(ぎゃく)		逆命题	역	ngược
共通部分(きょうつうぶぶん)		共通部分	공통부분	phần giao nhau
共有点(きょうゆうてん)		公共点	공유점	điểm chung
空集合(くうしゅうごう)		空集	공집합	tập hợp rỗng
偶数(ぐうすう)		偶数	짝수	số chẵn
くじ		签	제비	xổ số
組合せ(くみあわ)		组合	조합	tổ hợp
位取り記数法(くらいどきすうほう)		进位制	위치 기수법	biểu diễn định vị
係数(けいすう)		系数	계수	hệ số
結論(けつろん)		结论	결론	kết luận
弦(げん)		弦	현	dây cung
原点(げんてん)		原点	원점	gốc tọa độ
減法(げんぽう)		减法	뺄셈	phép trừ
弧(こ)		弧	호	hình cung, cung
項(こう)		项	항	số hạng
合成数(ごうせいすう)		合成数	합성수	hợp số
合同(ごうどう)		全等	합동	tương đồng
公倍数(こうばいすう)		公倍数	공배수	bội số chung
公約数(こうやくすう)		公约数	공약수	ước số chung
根号(こんごう)		根号	루트	dấu căn

さ行

さいころ		骰子	주사위	súc xắc, xí ngầu
最小公倍数(さいしょうこうばいすう)		最小公倍数	최소공배수	bội số chung nhỏ nhất
最小値(さいしょうち)		最小值	최솟값	giá trị cực tiểu
最大公約数(さいだいこうやくすう)		最大公约数	최대공약수	ước số chung lớn nhất
最大値(さいだいち)		最大值	최댓값	giá trị cực đại
錯角(さっかく)		错角	엇각	góc so le
座標(ざひょう)		坐标	좌표	tọa độ
三角比(さんかくひ)		三角比	삼각비	tỉ số lượng giác
三平方の定理(さんへいほうのていり)		勾股定理	피타고라스의 정리	định lý Pytago
軸(じく)		对称轴	축	trục
試行(しこう)		试验	시행	hoán vị có lặp

日本語	英語	中国語	韓国語	ベトナム語
事象（じしょう）		事件	사건	biến cố
指数（しすう）		指数	지수	số mũ
次数（じすう）		次数	차수	thứ số
10進法（じっしんほう）		十进制	십진법	số thập phân
実数（じっすう）		实数	실수	số thực
斜辺（しゃへん）		斜边	빗변	cạnh huyền
じゃんけん		石头剪子布	가위바위보	oẳn tù tì
重解（じゅうかい）		重根	중근	nghiệm bội
集合（しゅうごう）		集合	집합	tập hợp
重心（じゅうしん）		重心	무게중심	trọng tâm
十の位（じゅう くらい）		十位	십의 자리	hàng chục
十分条件（じゅうぶんじょうけん）		充分条件	충분조건	điệu kiện đủ
樹形図（じゅけいず）		树形图	수형도	sơ đồ cây
順列（じゅんれつ）		排列	순열	thứ tự
乗法（じょうほう）		乘法	곱셈	phép nhân
除法（じょほう）		除法	나눗셈	phép chia
真（しん）		真	참	đúng
垂心（すいしん）		垂心	수심	trực tâm
正弦（せいげん）		正弦	사인	sin
正三角形（せいさんかくけい）		等边三角形	정삼각형	tam giác đều
整数解（せいすうかい）		整数解	정수해	nghiệm số nguyên
正接（せいせつ）		正切	탄젠트	tan
正の数（せい すう）		正数	양수	số dương
積事象（せきじしょう）		乘事件	곱사건	biến cố tích
積の法則（せき ほうそく）		乘法法则	곱의 법칙	quy tắc tích số
接弦定理（せつげんていり）		弦切角定理	접현 정리	định lý góc tạo bởi tiếp tuyến và dây cung
接する（せっ）		相切	접하다	tiếp xúc
接線（せっせん）		切线	접선	đường tiếp tuyến
絶対値（ぜったいち）		绝对值	절댓값	giá trị tuyệt đối
接点（せってん）		切点	접점	tiếp điểm
全事象（ぜんじしょう）		必然事件	전사건	mọi biến cố
全体集合（ぜんたいしゅうごう）		全集	전체집합	tập hợp tổng thể
素因数（そいんすう）		质因数	소인수	thừa số nguyên tố

日本語	英語	中国語	韓国語	ベトナム語
素因数分解		质因数分解	소인수분해	tìm thừa số của số nguyên tố
相似		相似	닮음	đồng dạng
属する		属于	속하다	thuộc
素数		质数	소수	số nguyên tố

た行

日本語	英語	中国語	韓国語	ベトナム語
対偶		逆否命题	대우	tương phản
対称移動		对称移动	대칭이동	dịch chuyển đối xứng
対称軸		对称轴	대칭축	trục đối xứng
対辺		对边	대변	cạnh đối
たがいに素		互质	서로소	số nguyên tố cùng nhau
単位円		单位圆	단위원	vòng tròn đơn vị
値域		值域	치역	miền giá trị
中心角		中心角	중심각	góc ở tâm
頂角		顶角	꼭지각	góc đối đỉnh
頂点		顶点	꼭짓점	đỉnh
重複順列		重复排列	중복순열	hoán vị có lặp
直角		直角	직각	góc vuông
直角三角形		直角三角形	직각삼각형	tam giác vuông
底		底数	밑	cơ số
底角		底角	밑각	góc đáy
定義域		定义域	정의역	miền xác định
底辺		底边	밑변	cạnh đáy
同位角		同位角	동위각	góc đồng vị
等号		等号	등호	dấu bằng
独立試行		独立试验	독립시행	phép thử độc lập
鈍角		钝角	둔각	góc tù
鈍角三角形		钝角三角形	둔각삼각형	tam giác có góc tù

な行

日本語	英語	中国語	韓国語	ベトナム語
内角		内角	내각	góc trong
内心		内心	내심	tâm đường tròn nội tiếp
内接		内切	내접	nội tiếp

日本語	英語	中国語	韓国語	ベトナム語
ないせつえん 内接円		内切圆	내접원	đường tròn nội tiếp
ないぶん 内分		内分	내분	chia trong
にじかんすう 2次関数		二次函数	이차함수	hàm số bậc hai
にじふとうしき 2次不等式		二次不等式	이차부등식	bất đẳng thức bậc hai
にじほうていしき 2次方程式		二次方程	이차방정식	phương trình bậc hai
にとうぶんせん 二等分線		二等分线	이등분선	đường phân giác
にとうへんさんかくけい 二等辺三角形		等腰三角形	이등변삼각형	tam giác cân

は行

日本語	英語	中国語	韓国語	ベトナム語
ばあい すう 場合の数		基本事件总数	경우의 수	số của trường hợp
ばいすう 倍数		倍数	배수	bội số
はいはんじしょう 排反事象		互斥事件	배반사건	biến cố xung khắc
はんぷくしこう 反復試行		反复试验	반복 시행	phép thử lặp đi lặp lại
はんべつしき 判別式		判别式	판별식	biệt thức
ひつようじゅうぶんじょうけん 必要十分条件		充分必要条件	필요충분조건	điều kiện cần và đủ
ひつようじょうけん 必要条件		必要条件	필요조건	điều kiện cần
ひてい 否定		否定	부정	sự phủ định
ふとうごう 不等号		不等号	부등호	dấu bất đẳng thức
ふとうしき 不等式		不等式	부등식	bất đẳng thức
ふ すう 負の数		负数	음수	số âm
ぶぶんしゅうごう 部分集合		子集	부분집합	tập hợp con
へいこういどう 平行移動		平行移动	평행이동	dịch chuyển song song
へいほうこん 平方根		平方根	제곱근	căn bậc hai
ほうがんかんけい 包含関係		包含关系	포함관계	quan hệ bao hàm
ぼうしん 傍心		旁心	방심	tâm đường tròn bàng tiếp
ほうていしき 方程式		方程式	방정식	phương trình
ほうぶつせん 放物線		抛物线	포물선	parabol
ほう ていり 方べきの定理		圆冥定理	방멱의 정리	định lý phương tích
ほしゅうごう 補集合		补集	여집합	tập bù

ま行

日本語	英語	中国語	韓国語	ベトナム語
まじ 交わり		交集	교집합	sự giao nhau
または		或	혹은	hoặc là
むす 結び		并集	합집합	hợp nối

日本語	英語	中国語	韓国語	ベトナム語
無理数（むりすう）		无理数	무리수	số vô tỉ
命題（めいだい）		命题	명제	mệnh đề

や行

約数（やくすう）		约数	약수	số chia
ユークリッドの互除法（ごじょほう）		辗转相除法	유클리드 호제법	giải thuật Euclid
有限集合（ゆうげんしゅうごう）		有限集	유한집합	tập hợp hữu hạn
有理化（ゆうりか）		有理化	유리화	hữu tỉ hóa
有理数（ゆうりすう）		有理数	유리수	số hữu tỉ
要素（ようそ）		元素	원소	phần tử
余弦（よげん）		余弦	코사인	cos
余事象（よじしょう）		互补事件	여사건	biến cố bù

ら行

累乗（るいじょう）		乘方	거듭제곱	lũy thừa
論理（ろんり）		逻辑	논리	logic

わ行

和事象（わじしょう）		并事件	화사건	biến cố tổng
和集合（わしゅうごう）		并集	화집합	phép hợp
和の法則（わのほうそく）		加法法则	합의 법칙	quy tắc cộng

日本留学試験
EJU
실전모의고사
수학 코스1

초판 1쇄 발행 2024년 2월 20일

지은이 글로벌 고등 수학 연구회
펴낸곳 (주)에스제이더블유인터내셔널
펴낸이 양홍걸 이시원

홈페이지 japan.siwonschool.com
주소 서울시 영등포구 영신로 166 시원스쿨
교재 구입 문의 02)2014-8151
고객센터 02)6409-0878

ISBN 979-11-6150-815-3
Number 1-311111-25252500-08

EJU

日本留学試験
EJU

실전모의고사 수학 코스1

해설집

시원스쿨닷컴 × ask

日本留学試験　模試と解説　解答用紙

【表　FRONT SIDE】

数学

第1回

受験番号 Examinee Registration Number		名前 Name	

解答コース Course	
コース1 Course 1	コース2 Course 2
○	○

この解答用紙に回答するコースを、1つ○で囲み、その下のマーク欄をマークしてください。
Circle the name of the course you are taking and fill in the oval under it.

（Ⅲ以降は裏面）（Use the revers side for III and IV.）

注意事項　Note

1. 必ず鉛筆（HB）で記入してください。
2. この解答用紙を汚したり折ったりしてはいけません。
3. マークは下のよい例のように、○わく内を完全にぬりつぶしてください。

よい例	悪い例
●	

4. 訂正する場合はプラスチック消しゴムで完全に消し、消しくずを残してはいけません。
5. 解答用紙はAからZまでありますが、問題のあるところまで答えて、あとはマークしないでください。
6. 所定の欄以外には何も書いてはいけません。
7. この解答用紙はすべて機械で処理しますので、以上の1から6までが守られていないと採点されません。

Ⅰ

解答記号	解答 Answer –	0	1	2	3	4	5	6	7	8	9
A	⊖	⓪	①	②	③	④	⑤	⑥	⑦	⑧	⑨
B	⊖	⓪	①	②	③	④	⑤	⑥	⑦	⑧	⑨
C	⊖	⓪	①	②	③	④	⑤	⑥	⑦	⑧	⑨
D	⊖	⓪	①	②	③	④	⑤	⑥	⑦	⑧	⑨
E	⊖	⓪	①	②	③	④	⑤	⑥	⑦	⑧	⑨
F	⊖	⓪	①	②	③	④	⑤	⑥	⑦	⑧	⑨
G	⊖	⓪	①	②	③	④	⑤	⑥	⑦	⑧	⑨
H	⊖	⓪	①	②	③	④	⑤	⑥	⑦	⑧	⑨
I	⊖	⓪	①	②	③	④	⑤	⑥	⑦	⑧	⑨
J	⊖	⓪	①	②	③	④	⑤	⑥	⑦	⑧	⑨
K	⊖	⓪	①	②	③	④	⑤	⑥	⑦	⑧	⑨
L	⊖	⓪	①	②	③	④	⑤	⑥	⑦	⑧	⑨
M	⊖	⓪	①	②	③	④	⑤	⑥	⑦	⑧	⑨
N	⊖	⓪	①	②	③	④	⑤	⑥	⑦	⑧	⑨
O	⊖	⓪	①	②	③	④	⑤	⑥	⑦	⑧	⑨
P	⊖	⓪	①	②	③	④	⑤	⑥	⑦	⑧	⑨
Q	⊖	⓪	①	②	③	④	⑤	⑥	⑦	⑧	⑨
R	⊖	⓪	①	②	③	④	⑤	⑥	⑦	⑧	⑨
S	⊖	⓪	①	②	③	④	⑤	⑥	⑦	⑧	⑨
T	⊖	⓪	①	②	③	④	⑤	⑥	⑦	⑧	⑨
U	⊖	⓪	①	②	③	④	⑤	⑥	⑦	⑧	⑨
V	⊖	⓪	①	②	③	④	⑤	⑥	⑦	⑧	⑨
W	⊖	⓪	①	②	③	④	⑤	⑥	⑦	⑧	⑨
X	⊖	⓪	①	②	③	④	⑤	⑥	⑦	⑧	⑨
Y	⊖	⓪	①	②	③	④	⑤	⑥	⑦	⑧	⑨
Z	⊖	⓪	①	②	③	④	⑤	⑥	⑦	⑧	⑨

Ⅱ

解答記号	解答 Answer –	0	1	2	3	4	5	6	7	8	9
A	⊖	⓪	①	②	③	④	⑤	⑥	⑦	⑧	⑨
B	⊖	⓪	①	②	③	④	⑤	⑥	⑦	⑧	⑨
C	⊖	⓪	①	②	③	④	⑤	⑥	⑦	⑧	⑨
D	⊖	⓪	①	②	③	④	⑤	⑥	⑦	⑧	⑨
E	⊖	⓪	①	②	③	④	⑤	⑥	⑦	⑧	⑨
F	⊖	⓪	①	②	③	④	⑤	⑥	⑦	⑧	⑨
G	⊖	⓪	①	②	③	④	⑤	⑥	⑦	⑧	⑨
H	⊖	⓪	①	②	③	④	⑤	⑥	⑦	⑧	⑨
I	⊖	⓪	①	②	③	④	⑤	⑥	⑦	⑧	⑨
J	⊖	⓪	①	②	③	④	⑤	⑥	⑦	⑧	⑨
K	⊖	⓪	①	②	③	④	⑤	⑥	⑦	⑧	⑨
L	⊖	⓪	①	②	③	④	⑤	⑥	⑦	⑧	⑨
M	⊖	⓪	①	②	③	④	⑤	⑥	⑦	⑧	⑨
N	⊖	⓪	①	②	③	④	⑤	⑥	⑦	⑧	⑨
O	⊖	⓪	①	②	③	④	⑤	⑥	⑦	⑧	⑨
P	⊖	⓪	①	②	③	④	⑤	⑥	⑦	⑧	⑨
Q	⊖	⓪	①	②	③	④	⑤	⑥	⑦	⑧	⑨
R	⊖	⓪	①	②	③	④	⑤	⑥	⑦	⑧	⑨
S	⊖	⓪	①	②	③	④	⑤	⑥	⑦	⑧	⑨
T	⊖	⓪	①	②	③	④	⑤	⑥	⑦	⑧	⑨
U	⊖	⓪	①	②	③	④	⑤	⑥	⑦	⑧	⑨
V	⊖	⓪	①	②	③	④	⑤	⑥	⑦	⑧	⑨
W	⊖	⓪	①	②	③	④	⑤	⑥	⑦	⑧	⑨
X	⊖	⓪	①	②	③	④	⑤	⑥	⑦	⑧	⑨
Y	⊖	⓪	①	②	③	④	⑤	⑥	⑦	⑧	⑨
Z	⊖	⓪	①	②	③	④	⑤	⑥	⑦	⑧	⑨

日本留学試験　模試と解説　解答用紙

【裏　REVERSE SIDE】

数学

Ⅲ

解答記号	解答 Answer										
	–	0	1	2	3	4	5	6	7	8	9
A	⊖	⓪	①	②	③	④	⑤	⑥	⑦	⑧	⑨
B	⊖	⓪	①	②	③	④	⑤	⑥	⑦	⑧	⑨
C	⊖	⓪	①	②	③	④	⑤	⑥	⑦	⑧	⑨
D	⊖	⓪	①	②	③	④	⑤	⑥	⑦	⑧	⑨
E	⊖	⓪	①	②	③	④	⑤	⑥	⑦	⑧	⑨
F	⊖	⓪	①	②	③	④	⑤	⑥	⑦	⑧	⑨
G	⊖	⓪	①	②	③	④	⑤	⑥	⑦	⑧	⑨
H	⊖	⓪	①	②	③	④	⑤	⑥	⑦	⑧	⑨
I	⊖	⓪	①	②	③	④	⑤	⑥	⑦	⑧	⑨
J	⊖	⓪	①	②	③	④	⑤	⑥	⑦	⑧	⑨
K	⊖	⓪	①	②	③	④	⑤	⑥	⑦	⑧	⑨
L	⊖	⓪	①	②	③	④	⑤	⑥	⑦	⑧	⑨
M	⊖	⓪	①	②	③	④	⑤	⑥	⑦	⑧	⑨
N	⊖	⓪	①	②	③	④	⑤	⑥	⑦	⑧	⑨
O	⊖	⓪	①	②	③	④	⑤	⑥	⑦	⑧	⑨
P	⊖	⓪	①	②	③	④	⑤	⑥	⑦	⑧	⑨
Q	⊖	⓪	①	②	③	④	⑤	⑥	⑦	⑧	⑨
R	⊖	⓪	①	②	③	④	⑤	⑥	⑦	⑧	⑨
S	⊖	⓪	①	②	③	④	⑤	⑥	⑦	⑧	⑨
T	⊖	⓪	①	②	③	④	⑤	⑥	⑦	⑧	⑨
U	⊖	⓪	①	②	③	④	⑤	⑥	⑦	⑧	⑨
V	⊖	⓪	①	②	③	④	⑤	⑥	⑦	⑧	⑨
W	⊖	⓪	①	②	③	④	⑤	⑥	⑦	⑧	⑨
X	⊖	⓪	①	②	③	④	⑤	⑥	⑦	⑧	⑨
Y	⊖	⓪	①	②	③	④	⑤	⑥	⑦	⑧	⑨
Z	⊖	⓪	①	②	③	④	⑤	⑥	⑦	⑧	⑨

Ⅳ

解答記号	解答 Answer										
	–	0	1	2	3	4	5	6	7	8	9
A	⊖	⓪	①	②	③	④	⑤	⑥	⑦	⑧	⑨
B	⊖	⓪	①	②	③	④	⑤	⑥	⑦	⑧	⑨
C	⊖	⓪	①	②	③	④	⑤	⑥	⑦	⑧	⑨
D	⊖	⓪	①	②	③	④	⑤	⑥	⑦	⑧	⑨
E	⊖	⓪	①	②	③	④	⑤	⑥	⑦	⑧	⑨
F	⊖	⓪	①	②	③	④	⑤	⑥	⑦	⑧	⑨
G	⊖	⓪	①	②	③	④	⑤	⑥	⑦	⑧	⑨
H	⊖	⓪	①	②	③	④	⑤	⑥	⑦	⑧	⑨
I	⊖	⓪	①	②	③	④	⑤	⑥	⑦	⑧	⑨
J	⊖	⓪	①	②	③	④	⑤	⑥	⑦	⑧	⑨
K	⊖	⓪	①	②	③	④	⑤	⑥	⑦	⑧	⑨
L	⊖	⓪	①	②	③	④	⑤	⑥	⑦	⑧	⑨
M	⊖	⓪	①	②	③	④	⑤	⑥	⑦	⑧	⑨
N	⊖	⓪	①	②	③	④	⑤	⑥	⑦	⑧	⑨
O	⊖	⓪	①	②	③	④	⑤	⑥	⑦	⑧	⑨
P	⊖	⓪	①	②	③	④	⑤	⑥	⑦	⑧	⑨
Q	⊖	⓪	①	②	③	④	⑤	⑥	⑦	⑧	⑨
R	⊖	⓪	①	②	③	④	⑤	⑥	⑦	⑧	⑨
S	⊖	⓪	①	②	③	④	⑤	⑥	⑦	⑧	⑨
T	⊖	⓪	①	②	③	④	⑤	⑥	⑦	⑧	⑨
U	⊖	⓪	①	②	③	④	⑤	⑥	⑦	⑧	⑨
V	⊖	⓪	①	②	③	④	⑤	⑥	⑦	⑧	⑨
W	⊖	⓪	①	②	③	④	⑤	⑥	⑦	⑧	⑨
X	⊖	⓪	①	②	③	④	⑤	⑥	⑦	⑧	⑨
Y	⊖	⓪	①	②	③	④	⑤	⑥	⑦	⑧	⑨
Z	⊖	⓪	①	②	③	④	⑤	⑥	⑦	⑧	⑨

数学

第2回

受験番号 Examinee Registration Number		名前 Name	

注意事項　Note

1. 必ず鉛筆（HB）で記入してください。
2. この解答用紙を汚したり折ったりしてはいけません。
3. マークは下のよい例のように、○わく内を完全にぬりつぶしてください。

よい例	悪い例
●	

4. 訂正する場合はプラスチック消しゴムで完全に消し、消しくずを残してはいけません。
5. 解答用紙はAからZまでありますが、問題のあるところまで答えて、あとはマークしないでください。
6. 所定の欄以外には何も書いてはいけません。
7. この解答用紙はすべて機械で処理しますので、以上の1から6までが守られていないと採点されません。

解答コース　Course	
コース1 Course 1	コース2 Course 2
○	○

この解答用紙に回答するコースを、1つ○で囲み、その下のマーク欄をマークしてください。
Circle the name of the course you are taking and fill in the oval under it.

（Ⅲ以降は裏面）（Use the revers side for III and IV.）

I

解答記号	–	0	1	2	3	4	5	6	7	8	9
A	⊖	⓪	①	②	③	④	⑤	⑥	⑦	⑧	⑨
B	⊖	⓪	①	②	③	④	⑤	⑥	⑦	⑧	⑨
C	⊖	⓪	①	②	③	④	⑤	⑥	⑦	⑧	⑨
D	⊖	⓪	①	②	③	④	⑤	⑥	⑦	⑧	⑨
E	⊖	⓪	①	②	③	④	⑤	⑥	⑦	⑧	⑨
F	⊖	⓪	①	②	③	④	⑤	⑥	⑦	⑧	⑨
G	⊖	⓪	①	②	③	④	⑤	⑥	⑦	⑧	⑨
H	⊖	⓪	①	②	③	④	⑤	⑥	⑦	⑧	⑨
I	⊖	⓪	①	②	③	④	⑤	⑥	⑦	⑧	⑨
J	⊖	⓪	①	②	③	④	⑤	⑥	⑦	⑧	⑨
K	⊖	⓪	①	②	③	④	⑤	⑥	⑦	⑧	⑨
L	⊖	⓪	①	②	③	④	⑤	⑥	⑦	⑧	⑨
M	⊖	⓪	①	②	③	④	⑤	⑥	⑦	⑧	⑨
N	⊖	⓪	①	②	③	④	⑤	⑥	⑦	⑧	⑨
O	⊖	⓪	①	②	③	④	⑤	⑥	⑦	⑧	⑨
P	⊖	⓪	①	②	③	④	⑤	⑥	⑦	⑧	⑨
Q	⊖	⓪	①	②	③	④	⑤	⑥	⑦	⑧	⑨
R	⊖	⓪	①	②	③	④	⑤	⑥	⑦	⑧	⑨
S	⊖	⓪	①	②	③	④	⑤	⑥	⑦	⑧	⑨
T	⊖	⓪	①	②	③	④	⑤	⑥	⑦	⑧	⑨
U	⊖	⓪	①	②	③	④	⑤	⑥	⑦	⑧	⑨
V	⊖	⓪	①	②	③	④	⑤	⑥	⑦	⑧	⑨
W	⊖	⓪	①	②	③	④	⑤	⑥	⑦	⑧	⑨
X	⊖	⓪	①	②	③	④	⑤	⑥	⑦	⑧	⑨
Y	⊖	⓪	①	②	③	④	⑤	⑥	⑦	⑧	⑨
Z	⊖	⓪	①	②	③	④	⑤	⑥	⑦	⑧	⑨

Ⅱ

解答記号	–	0	1	2	3	4	5	6	7	8	9
A	⊖	⓪	①	②	③	④	⑤	⑥	⑦	⑧	⑨
B	⊖	⓪	①	②	③	④	⑤	⑥	⑦	⑧	⑨
C	⊖	⓪	①	②	③	④	⑤	⑥	⑦	⑧	⑨
D	⊖	⓪	①	②	③	④	⑤	⑥	⑦	⑧	⑨
E	⊖	⓪	①	②	③	④	⑤	⑥	⑦	⑧	⑨
F	⊖	⓪	①	②	③	④	⑤	⑥	⑦	⑧	⑨
G	⊖	⓪	①	②	③	④	⑤	⑥	⑦	⑧	⑨
H	⊖	⓪	①	②	③	④	⑤	⑥	⑦	⑧	⑨
I	⊖	⓪	①	②	③	④	⑤	⑥	⑦	⑧	⑨
J	⊖	⓪	①	②	③	④	⑤	⑥	⑦	⑧	⑨
K	⊖	⓪	①	②	③	④	⑤	⑥	⑦	⑧	⑨
L	⊖	⓪	①	②	③	④	⑤	⑥	⑦	⑧	⑨
M	⊖	⓪	①	②	③	④	⑤	⑥	⑦	⑧	⑨
N	⊖	⓪	①	②	③	④	⑤	⑥	⑦	⑧	⑨
O	⊖	⓪	①	②	③	④	⑤	⑥	⑦	⑧	⑨
P	⊖	⓪	①	②	③	④	⑤	⑥	⑦	⑧	⑨
Q	⊖	⓪	①	②	③	④	⑤	⑥	⑦	⑧	⑨
R	⊖	⓪	①	②	③	④	⑤	⑥	⑦	⑧	⑨
S	⊖	⓪	①	②	③	④	⑤	⑥	⑦	⑧	⑨
T	⊖	⓪	①	②	③	④	⑤	⑥	⑦	⑧	⑨
U	⊖	⓪	①	②	③	④	⑤	⑥	⑦	⑧	⑨
V	⊖	⓪	①	②	③	④	⑤	⑥	⑦	⑧	⑨
W	⊖	⓪	①	②	③	④	⑤	⑥	⑦	⑧	⑨
X	⊖	⓪	①	②	③	④	⑤	⑥	⑦	⑧	⑨
Y	⊖	⓪	①	②	③	④	⑤	⑥	⑦	⑧	⑨
Z	⊖	⓪	①	②	③	④	⑤	⑥	⑦	⑧	⑨

数学

Ⅲ

解答記号	解答 Answer										
	−	0	1	2	3	4	5	6	7	8	9
A	⊖	⓪	①	②	③	④	⑤	⑥	⑦	⑧	⑨
B	⊖	⓪	①	②	③	④	⑤	⑥	⑦	⑧	⑨
C	⊖	⓪	①	②	③	④	⑤	⑥	⑦	⑧	⑨
D	⊖	⓪	①	②	③	④	⑤	⑥	⑦	⑧	⑨
E	⊖	⓪	①	②	③	④	⑤	⑥	⑦	⑧	⑨
F	⊖	⓪	①	②	③	④	⑤	⑥	⑦	⑧	⑨
G	⊖	⓪	①	②	③	④	⑤	⑥	⑦	⑧	⑨
H	⊖	⓪	①	②	③	④	⑤	⑥	⑦	⑧	⑨
I	⊖	⓪	①	②	③	④	⑤	⑥	⑦	⑧	⑨
J	⊖	⓪	①	②	③	④	⑤	⑥	⑦	⑧	⑨
K	⊖	⓪	①	②	③	④	⑤	⑥	⑦	⑧	⑨
L	⊖	⓪	①	②	③	④	⑤	⑥	⑦	⑧	⑨
M	⊖	⓪	①	②	③	④	⑤	⑥	⑦	⑧	⑨
N	⊖	⓪	①	②	③	④	⑤	⑥	⑦	⑧	⑨
O	⊖	⓪	①	②	③	④	⑤	⑥	⑦	⑧	⑨
P	⊖	⓪	①	②	③	④	⑤	⑥	⑦	⑧	⑨
Q	⊖	⓪	①	②	③	④	⑤	⑥	⑦	⑧	⑨
R	⊖	⓪	①	②	③	④	⑤	⑥	⑦	⑧	⑨
S	⊖	⓪	①	②	③	④	⑤	⑥	⑦	⑧	⑨
T	⊖	⓪	①	②	③	④	⑤	⑥	⑦	⑧	⑨
U	⊖	⓪	①	②	③	④	⑤	⑥	⑦	⑧	⑨
V	⊖	⓪	①	②	③	④	⑤	⑥	⑦	⑧	⑨
W	⊖	⓪	①	②	③	④	⑤	⑥	⑦	⑧	⑨
X	⊖	⓪	①	②	③	④	⑤	⑥	⑦	⑧	⑨
Y	⊖	⓪	①	②	③	④	⑤	⑥	⑦	⑧	⑨
Z	⊖	⓪	①	②	③	④	⑤	⑥	⑦	⑧	⑨

Ⅳ

解答記号	解答 Answer										
	−	0	1	2	3	4	5	6	7	8	9
A	⊖	⓪	①	②	③	④	⑤	⑥	⑦	⑧	⑨
B	⊖	⓪	①	②	③	④	⑤	⑥	⑦	⑧	⑨
C	⊖	⓪	①	②	③	④	⑤	⑥	⑦	⑧	⑨
D	⊖	⓪	①	②	③	④	⑤	⑥	⑦	⑧	⑨
E	⊖	⓪	①	②	③	④	⑤	⑥	⑦	⑧	⑨
F	⊖	⓪	①	②	③	④	⑤	⑥	⑦	⑧	⑨
G	⊖	⓪	①	②	③	④	⑤	⑥	⑦	⑧	⑨
H	⊖	⓪	①	②	③	④	⑤	⑥	⑦	⑧	⑨
I	⊖	⓪	①	②	③	④	⑤	⑥	⑦	⑧	⑨
J	⊖	⓪	①	②	③	④	⑤	⑥	⑦	⑧	⑨
K	⊖	⓪	①	②	③	④	⑤	⑥	⑦	⑧	⑨
L	⊖	⓪	①	②	③	④	⑤	⑥	⑦	⑧	⑨
M	⊖	⓪	①	②	③	④	⑤	⑥	⑦	⑧	⑨
N	⊖	⓪	①	②	③	④	⑤	⑥	⑦	⑧	⑨
O	⊖	⓪	①	②	③	④	⑤	⑥	⑦	⑧	⑨
P	⊖	⓪	①	②	③	④	⑤	⑥	⑦	⑧	⑨
Q	⊖	⓪	①	②	③	④	⑤	⑥	⑦	⑧	⑨
R	⊖	⓪	①	②	③	④	⑤	⑥	⑦	⑧	⑨
S	⊖	⓪	①	②	③	④	⑤	⑥	⑦	⑧	⑨
T	⊖	⓪	①	②	③	④	⑤	⑥	⑦	⑧	⑨
U	⊖	⓪	①	②	③	④	⑤	⑥	⑦	⑧	⑨
V	⊖	⓪	①	②	③	④	⑤	⑥	⑦	⑧	⑨
W	⊖	⓪	①	②	③	④	⑤	⑥	⑦	⑧	⑨
X	⊖	⓪	①	②	③	④	⑤	⑥	⑦	⑧	⑨
Y	⊖	⓪	①	②	③	④	⑤	⑥	⑦	⑧	⑨
Z	⊖	⓪	①	②	③	④	⑤	⑥	⑦	⑧	⑨

日本留学試験　模試と解説　解答用紙

【表　FRONT SIDE】

数学

第3回

受験番号 Examinee Registration Number	

名前 Name	

解答コース Course	
コース 1 Course 1	コース 2 Course 2
○	○

この解答用紙に回答するコースを、1つ○で囲み、その下のマーク欄をマークしてください。
Circle the name of the course you are taking and fill in the oval under it.

（Ⅲ以降は裏面）（Use the revers side for III and IV.）

注意事項　Note

1. 必ず鉛筆（HB）で記入してください。
2. この解答用紙を汚したり折ったりしてはいけません。
3. マークは下のよい例のように、○わく内を完全にぬりつぶしてください。

よい例	悪い例
●	⊗ ✓ ○ ● ○

4. 訂正する場合はプラスチック消しゴムで完全に消し、消しくずを残してはいけません。
5. 解答用紙はAからZまでありますが、問題のあるところまで答えて、あとはマークしないでください。
6. 所定の欄以外には何も書いてはいけません。
7. この解答用紙はすべて機械で処理しますので、以上の1から6までが守られていないと採点されません。

I

解答記号	解答 Answer										
	–	0	1	2	3	4	5	6	7	8	9
A	⊖	⓪	①	②	③	④	⑤	⑥	⑦	⑧	⑨
B	⊖	⓪	①	②	③	④	⑤	⑥	⑦	⑧	⑨
C	⊖	⓪	①	②	③	④	⑤	⑥	⑦	⑧	⑨
D	⊖	⓪	①	②	③	④	⑤	⑥	⑦	⑧	⑨
E	⊖	⓪	①	②	③	④	⑤	⑥	⑦	⑧	⑨
F	⊖	⓪	①	②	③	④	⑤	⑥	⑦	⑧	⑨
G	⊖	⓪	①	②	③	④	⑤	⑥	⑦	⑧	⑨
H	⊖	⓪	①	②	③	④	⑤	⑥	⑦	⑧	⑨
I	⊖	⓪	①	②	③	④	⑤	⑥	⑦	⑧	⑨
J	⊖	⓪	①	②	③	④	⑤	⑥	⑦	⑧	⑨
K	⊖	⓪	①	②	③	④	⑤	⑥	⑦	⑧	⑨
L	⊖	⓪	①	②	③	④	⑤	⑥	⑦	⑧	⑨
M	⊖	⓪	①	②	③	④	⑤	⑥	⑦	⑧	⑨
N	⊖	⓪	①	②	③	④	⑤	⑥	⑦	⑧	⑨
O	⊖	⓪	①	②	③	④	⑤	⑥	⑦	⑧	⑨
P	⊖	⓪	①	②	③	④	⑤	⑥	⑦	⑧	⑨
Q	⊖	⓪	①	②	③	④	⑤	⑥	⑦	⑧	⑨
R	⊖	⓪	①	②	③	④	⑤	⑥	⑦	⑧	⑨
S	⊖	⓪	①	②	③	④	⑤	⑥	⑦	⑧	⑨
T	⊖	⓪	①	②	③	④	⑤	⑥	⑦	⑧	⑨
U	⊖	⓪	①	②	③	④	⑤	⑥	⑦	⑧	⑨
V	⊖	⓪	①	②	③	④	⑤	⑥	⑦	⑧	⑨
W	⊖	⓪	①	②	③	④	⑤	⑥	⑦	⑧	⑨
X	⊖	⓪	①	②	③	④	⑤	⑥	⑦	⑧	⑨
Y	⊖	⓪	①	②	③	④	⑤	⑥	⑦	⑧	⑨
Z	⊖	⓪	①	②	③	④	⑤	⑥	⑦	⑧	⑨

II

解答記号	解答 Answer										
	–	0	1	2	3	4	5	6	7	8	9
A	⊖	⓪	①	②	③	④	⑤	⑥	⑦	⑧	⑨
B	⊖	⓪	①	②	③	④	⑤	⑥	⑦	⑧	⑨
C	⊖	⓪	①	②	③	④	⑤	⑥	⑦	⑧	⑨
D	⊖	⓪	①	②	③	④	⑤	⑥	⑦	⑧	⑨
E	⊖	⓪	①	②	③	④	⑤	⑥	⑦	⑧	⑨
F	⊖	⓪	①	②	③	④	⑤	⑥	⑦	⑧	⑨
G	⊖	⓪	①	②	③	④	⑤	⑥	⑦	⑧	⑨
H	⊖	⓪	①	②	③	④	⑤	⑥	⑦	⑧	⑨
I	⊖	⓪	①	②	③	④	⑤	⑥	⑦	⑧	⑨
J	⊖	⓪	①	②	③	④	⑤	⑥	⑦	⑧	⑨
K	⊖	⓪	①	②	③	④	⑤	⑥	⑦	⑧	⑨
L	⊖	⓪	①	②	③	④	⑤	⑥	⑦	⑧	⑨
M	⊖	⓪	①	②	③	④	⑤	⑥	⑦	⑧	⑨
N	⊖	⓪	①	②	③	④	⑤	⑥	⑦	⑧	⑨
O	⊖	⓪	①	②	③	④	⑤	⑥	⑦	⑧	⑨
P	⊖	⓪	①	②	③	④	⑤	⑥	⑦	⑧	⑨
Q	⊖	⓪	①	②	③	④	⑤	⑥	⑦	⑧	⑨
R	⊖	⓪	①	②	③	④	⑤	⑥	⑦	⑧	⑨
S	⊖	⓪	①	②	③	④	⑤	⑥	⑦	⑧	⑨
T	⊖	⓪	①	②	③	④	⑤	⑥	⑦	⑧	⑨
U	⊖	⓪	①	②	③	④	⑤	⑥	⑦	⑧	⑨
V	⊖	⓪	①	②	③	④	⑤	⑥	⑦	⑧	⑨
W	⊖	⓪	①	②	③	④	⑤	⑥	⑦	⑧	⑨
X	⊖	⓪	①	②	③	④	⑤	⑥	⑦	⑧	⑨
Y	⊖	⓪	①	②	③	④	⑤	⑥	⑦	⑧	⑨
Z	⊖	⓪	①	②	③	④	⑤	⑥	⑦	⑧	⑨

日本留学試験　模試と解説　解答用紙

【裏　REVERSE SIDE】

数学

Ⅲ

解答記号	解答 Answer										
	–	0	1	2	3	4	5	6	7	8	9
A	⊖	⓪	①	②	③	④	⑤	⑥	⑦	⑧	⑨
B	⊖	⓪	①	②	③	④	⑤	⑥	⑦	⑧	⑨
C	⊖	⓪	①	②	③	④	⑤	⑥	⑦	⑧	⑨
D	⊖	⓪	①	②	③	④	⑤	⑥	⑦	⑧	⑨
E	⊖	⓪	①	②	③	④	⑤	⑥	⑦	⑧	⑨
F	⊖	⓪	①	②	③	④	⑤	⑥	⑦	⑧	⑨
G	⊖	⓪	①	②	③	④	⑤	⑥	⑦	⑧	⑨
H	⊖	⓪	①	②	③	④	⑤	⑥	⑦	⑧	⑨
I	⊖	⓪	①	②	③	④	⑤	⑥	⑦	⑧	⑨
J	⊖	⓪	①	②	③	④	⑤	⑥	⑦	⑧	⑨
K	⊖	⓪	①	②	③	④	⑤	⑥	⑦	⑧	⑨
L	⊖	⓪	①	②	③	④	⑤	⑥	⑦	⑧	⑨
M	⊖	⓪	①	②	③	④	⑤	⑥	⑦	⑧	⑨
N	⊖	⓪	①	②	③	④	⑤	⑥	⑦	⑧	⑨
O	⊖	⓪	①	②	③	④	⑤	⑥	⑦	⑧	⑨
P	⊖	⓪	①	②	③	④	⑤	⑥	⑦	⑧	⑨
Q	⊖	⓪	①	②	③	④	⑤	⑥	⑦	⑧	⑨
R	⊖	⓪	①	②	③	④	⑤	⑥	⑦	⑧	⑨
S	⊖	⓪	①	②	③	④	⑤	⑥	⑦	⑧	⑨
T	⊖	⓪	①	②	③	④	⑤	⑥	⑦	⑧	⑨
U	⊖	⓪	①	②	③	④	⑤	⑥	⑦	⑧	⑨
V	⊖	⓪	①	②	③	④	⑤	⑥	⑦	⑧	⑨
W	⊖	⓪	①	②	③	④	⑤	⑥	⑦	⑧	⑨
X	⊖	⓪	①	②	③	④	⑤	⑥	⑦	⑧	⑨
Y	⊖	⓪	①	②	③	④	⑤	⑥	⑦	⑧	⑨
Z	⊖	⓪	①	②	③	④	⑤	⑥	⑦	⑧	⑨

Ⅳ

解答記号	解答 Answer										
	–	0	1	2	3	4	5	6	7	8	9
A	⊖	⓪	①	②	③	④	⑤	⑥	⑦	⑧	⑨
B	⊖	⓪	①	②	③	④	⑤	⑥	⑦	⑧	⑨
C	⊖	⓪	①	②	③	④	⑤	⑥	⑦	⑧	⑨
D	⊖	⓪	①	②	③	④	⑤	⑥	⑦	⑧	⑨
E	⊖	⓪	①	②	③	④	⑤	⑥	⑦	⑧	⑨
F	⊖	⓪	①	②	③	④	⑤	⑥	⑦	⑧	⑨
G	⊖	⓪	①	②	③	④	⑤	⑥	⑦	⑧	⑨
H	⊖	⓪	①	②	③	④	⑤	⑥	⑦	⑧	⑨
I	⊖	⓪	①	②	③	④	⑤	⑥	⑦	⑧	⑨
J	⊖	⓪	①	②	③	④	⑤	⑥	⑦	⑧	⑨
K	⊖	⓪	①	②	③	④	⑤	⑥	⑦	⑧	⑨
L	⊖	⓪	①	②	③	④	⑤	⑥	⑦	⑧	⑨
M	⊖	⓪	①	②	③	④	⑤	⑥	⑦	⑧	⑨
N	⊖	⓪	①	②	③	④	⑤	⑥	⑦	⑧	⑨
O	⊖	⓪	①	②	③	④	⑤	⑥	⑦	⑧	⑨
P	⊖	⓪	①	②	③	④	⑤	⑥	⑦	⑧	⑨
Q	⊖	⓪	①	②	③	④	⑤	⑥	⑦	⑧	⑨
R	⊖	⓪	①	②	③	④	⑤	⑥	⑦	⑧	⑨
S	⊖	⓪	①	②	③	④	⑤	⑥	⑦	⑧	⑨
T	⊖	⓪	①	②	③	④	⑤	⑥	⑦	⑧	⑨
U	⊖	⓪	①	②	③	④	⑤	⑥	⑦	⑧	⑨
V	⊖	⓪	①	②	③	④	⑤	⑥	⑦	⑧	⑨
W	⊖	⓪	①	②	③	④	⑤	⑥	⑦	⑧	⑨
X	⊖	⓪	①	②	③	④	⑤	⑥	⑦	⑧	⑨
Y	⊖	⓪	①	②	③	④	⑤	⑥	⑦	⑧	⑨
Z	⊖	⓪	①	②	③	④	⑤	⑥	⑦	⑧	⑨

日本留学試験　模試と解説　解答用紙

【表　FRONT SIDE】

数学

第4回

受験番号 Examinee Registration Number	

名前 Name	

注意事項　Note

1. 必ず鉛筆（HB）で記入してください。
2. この解答用紙を汚したり折ったりしてはいけません。
3. マークは下のよい例のように、○わく内を完全にぬりつぶしてください。

よい例	悪い例

4. 訂正する場合はプラスチック消しゴムで完全に消し、消しくずを残してはいけません。
5. 解答用紙はＡからＺまでありますが、問題のあるところまで答えて、あとはマークしないでください。
6. 所定の欄以外には何も書いてはいけません。
7. この解答用紙はすべて機械で処理しますので、以上の１から６までが守られていないと採点されません。

解答コース　Course	
コース１ Course 1	コース２ Course 2
○	○

この解答用紙に回答するコースを、１つ○で囲み、その下のマーク欄をマークしてください。
Circle the name of the course you are taking and fill in the oval under it.

（Ⅲ以降は裏面）（Use the revers side for III and IV.）

Ⅰ

解答記号	−	0	1	2	3	4	5	6	7	8	9
A	⊖	⓪	①	②	③	④	⑤	⑥	⑦	⑧	⑨
B	⊖	⓪	①	②	③	④	⑤	⑥	⑦	⑧	⑨
C	⊖	⓪	①	②	③	④	⑤	⑥	⑦	⑧	⑨
D	⊖	⓪	①	②	③	④	⑤	⑥	⑦	⑧	⑨
E	⊖	⓪	①	②	③	④	⑤	⑥	⑦	⑧	⑨
F	⊖	⓪	①	②	③	④	⑤	⑥	⑦	⑧	⑨
G	⊖	⓪	①	②	③	④	⑤	⑥	⑦	⑧	⑨
H	⊖	⓪	①	②	③	④	⑤	⑥	⑦	⑧	⑨
I	⊖	⓪	①	②	③	④	⑤	⑥	⑦	⑧	⑨
J	⊖	⓪	①	②	③	④	⑤	⑥	⑦	⑧	⑨
K	⊖	⓪	①	②	③	④	⑤	⑥	⑦	⑧	⑨
L	⊖	⓪	①	②	③	④	⑤	⑥	⑦	⑧	⑨
M	⊖	⓪	①	②	③	④	⑤	⑥	⑦	⑧	⑨
N	⊖	⓪	①	②	③	④	⑤	⑥	⑦	⑧	⑨
O	⊖	⓪	①	②	③	④	⑤	⑥	⑦	⑧	⑨
P	⊖	⓪	①	②	③	④	⑤	⑥	⑦	⑧	⑨
Q	⊖	⓪	①	②	③	④	⑤	⑥	⑦	⑧	⑨
R	⊖	⓪	①	②	③	④	⑤	⑥	⑦	⑧	⑨
S	⊖	⓪	①	②	③	④	⑤	⑥	⑦	⑧	⑨
T	⊖	⓪	①	②	③	④	⑤	⑥	⑦	⑧	⑨
U	⊖	⓪	①	②	③	④	⑤	⑥	⑦	⑧	⑨
V	⊖	⓪	①	②	③	④	⑤	⑥	⑦	⑧	⑨
W	⊖	⓪	①	②	③	④	⑤	⑥	⑦	⑧	⑨
X	⊖	⓪	①	②	③	④	⑤	⑥	⑦	⑧	⑨
Y	⊖	⓪	①	②	③	④	⑤	⑥	⑦	⑧	⑨
Z	⊖	⓪	①	②	③	④	⑤	⑥	⑦	⑧	⑨

(解答　Answer)

Ⅱ

解答記号	−	0	1	2	3	4	5	6	7	8	9
A	⊖	⓪	①	②	③	④	⑤	⑥	⑦	⑧	⑨
B	⊖	⓪	①	②	③	④	⑤	⑥	⑦	⑧	⑨
C	⊖	⓪	①	②	③	④	⑤	⑥	⑦	⑧	⑨
D	⊖	⓪	①	②	③	④	⑤	⑥	⑦	⑧	⑨
E	⊖	⓪	①	②	③	④	⑤	⑥	⑦	⑧	⑨
F	⊖	⓪	①	②	③	④	⑤	⑥	⑦	⑧	⑨
G	⊖	⓪	①	②	③	④	⑤	⑥	⑦	⑧	⑨
H	⊖	⓪	①	②	③	④	⑤	⑥	⑦	⑧	⑨
I	⊖	⓪	①	②	③	④	⑤	⑥	⑦	⑧	⑨
J	⊖	⓪	①	②	③	④	⑤	⑥	⑦	⑧	⑨
K	⊖	⓪	①	②	③	④	⑤	⑥	⑦	⑧	⑨
L	⊖	⓪	①	②	③	④	⑤	⑥	⑦	⑧	⑨
M	⊖	⓪	①	②	③	④	⑤	⑥	⑦	⑧	⑨
N	⊖	⓪	①	②	③	④	⑤	⑥	⑦	⑧	⑨
O	⊖	⓪	①	②	③	④	⑤	⑥	⑦	⑧	⑨
P	⊖	⓪	①	②	③	④	⑤	⑥	⑦	⑧	⑨
Q	⊖	⓪	①	②	③	④	⑤	⑥	⑦	⑧	⑨
R	⊖	⓪	①	②	③	④	⑤	⑥	⑦	⑧	⑨
S	⊖	⓪	①	②	③	④	⑤	⑥	⑦	⑧	⑨
T	⊖	⓪	①	②	③	④	⑤	⑥	⑦	⑧	⑨
U	⊖	⓪	①	②	③	④	⑤	⑥	⑦	⑧	⑨
V	⊖	⓪	①	②	③	④	⑤	⑥	⑦	⑧	⑨
W	⊖	⓪	①	②	③	④	⑤	⑥	⑦	⑧	⑨
X	⊖	⓪	①	②	③	④	⑤	⑥	⑦	⑧	⑨
Y	⊖	⓪	①	②	③	④	⑤	⑥	⑦	⑧	⑨
Z	⊖	⓪	①	②	③	④	⑤	⑥	⑦	⑧	⑨

(解答　Answer)

日本留学試験　模試と解説　解答用紙

数学

【裏　REVERSE SIDE】

Ⅲ

解答記号	解答 Answer										
	−	0	1	2	3	4	5	6	7	8	9
A	⊖	⓪	①	②	③	④	⑤	⑥	⑦	⑧	⑨
B	⊖	⓪	①	②	③	④	⑤	⑥	⑦	⑧	⑨
C	⊖	⓪	①	②	③	④	⑤	⑥	⑦	⑧	⑨
D	⊖	⓪	①	②	③	④	⑤	⑥	⑦	⑧	⑨
E	⊖	⓪	①	②	③	④	⑤	⑥	⑦	⑧	⑨
F	⊖	⓪	①	②	③	④	⑤	⑥	⑦	⑧	⑨
G	⊖	⓪	①	②	③	④	⑤	⑥	⑦	⑧	⑨
H	⊖	⓪	①	②	③	④	⑤	⑥	⑦	⑧	⑨
I	⊖	⓪	①	②	③	④	⑤	⑥	⑦	⑧	⑨
J	⊖	⓪	①	②	③	④	⑤	⑥	⑦	⑧	⑨
K	⊖	⓪	①	②	③	④	⑤	⑥	⑦	⑧	⑨
L	⊖	⓪	①	②	③	④	⑤	⑥	⑦	⑧	⑨
M	⊖	⓪	①	②	③	④	⑤	⑥	⑦	⑧	⑨
N	⊖	⓪	①	②	③	④	⑤	⑥	⑦	⑧	⑨
O	⊖	⓪	①	②	③	④	⑤	⑥	⑦	⑧	⑨
P	⊖	⓪	①	②	③	④	⑤	⑥	⑦	⑧	⑨
Q	⊖	⓪	①	②	③	④	⑤	⑥	⑦	⑧	⑨
R	⊖	⓪	①	②	③	④	⑤	⑥	⑦	⑧	⑨
S	⊖	⓪	①	②	③	④	⑤	⑥	⑦	⑧	⑨
T	⊖	⓪	①	②	③	④	⑤	⑥	⑦	⑧	⑨
U	⊖	⓪	①	②	③	④	⑤	⑥	⑦	⑧	⑨
V	⊖	⓪	①	②	③	④	⑤	⑥	⑦	⑧	⑨
W	⊖	⓪	①	②	③	④	⑤	⑥	⑦	⑧	⑨
X	⊖	⓪	①	②	③	④	⑤	⑥	⑦	⑧	⑨
Y	⊖	⓪	①	②	③	④	⑤	⑥	⑦	⑧	⑨
Z	⊖	⓪	①	②	③	④	⑤	⑥	⑦	⑧	⑨

Ⅳ

解答記号	解答 Answer										
	−	0	1	2	3	4	5	6	7	8	9
A	⊖	⓪	①	②	③	④	⑤	⑥	⑦	⑧	⑨
B	⊖	⓪	①	②	③	④	⑤	⑥	⑦	⑧	⑨
C	⊖	⓪	①	②	③	④	⑤	⑥	⑦	⑧	⑨
D	⊖	⓪	①	②	③	④	⑤	⑥	⑦	⑧	⑨
E	⊖	⓪	①	②	③	④	⑤	⑥	⑦	⑧	⑨
F	⊖	⓪	①	②	③	④	⑤	⑥	⑦	⑧	⑨
G	⊖	⓪	①	②	③	④	⑤	⑥	⑦	⑧	⑨
H	⊖	⓪	①	②	③	④	⑤	⑥	⑦	⑧	⑨
I	⊖	⓪	①	②	③	④	⑤	⑥	⑦	⑧	⑨
J	⊖	⓪	①	②	③	④	⑤	⑥	⑦	⑧	⑨
K	⊖	⓪	①	②	③	④	⑤	⑥	⑦	⑧	⑨
L	⊖	⓪	①	②	③	④	⑤	⑥	⑦	⑧	⑨
M	⊖	⓪	①	②	③	④	⑤	⑥	⑦	⑧	⑨
N	⊖	⓪	①	②	③	④	⑤	⑥	⑦	⑧	⑨
O	⊖	⓪	①	②	③	④	⑤	⑥	⑦	⑧	⑨
P	⊖	⓪	①	②	③	④	⑤	⑥	⑦	⑧	⑨
Q	⊖	⓪	①	②	③	④	⑤	⑥	⑦	⑧	⑨
R	⊖	⓪	①	②	③	④	⑤	⑥	⑦	⑧	⑨
S	⊖	⓪	①	②	③	④	⑤	⑥	⑦	⑧	⑨
T	⊖	⓪	①	②	③	④	⑤	⑥	⑦	⑧	⑨
U	⊖	⓪	①	②	③	④	⑤	⑥	⑦	⑧	⑨
V	⊖	⓪	①	②	③	④	⑤	⑥	⑦	⑧	⑨
W	⊖	⓪	①	②	③	④	⑤	⑥	⑦	⑧	⑨
X	⊖	⓪	①	②	③	④	⑤	⑥	⑦	⑧	⑨
Y	⊖	⓪	①	②	③	④	⑤	⑥	⑦	⑧	⑨
Z	⊖	⓪	①	②	③	④	⑤	⑥	⑦	⑧	⑨

日本留学試験　模試と解説　解答用紙

【表　FRONT SIDE】

数学

第5回

受験番号 Examinee Registration Number	

名前 Name	

注意事項　Note

1. 必ず鉛筆（HB）で記入してください。
2. この解答用紙を汚したり折ったりしてはいけません。
3. マークは下のよい例のように、○わく内を完全にぬりつぶしてください。

よい例	悪い例

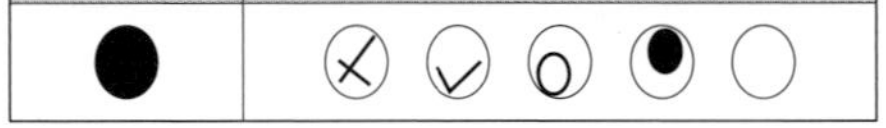

4. 訂正する場合はプラスチック消しゴムで完全に消し、消しくずを残してはいけません。
5. 解答用紙はＡからＺまでありますが、問題のあるところまで答えて、あとはマークしないでください。
6. 所定の欄以外には何も書いてはいけません。
7. この解答用紙はすべて機械で処理しますので、以上の１から６までが守られていないと採点されません。

解答コース　Course	
コース１ Course 1	コース２ Course 2
○	○

この解答用紙に回答するコースを、１つ〇で囲み、
その下のマーク欄をマークしてください。
Circle the name of the course you are taking and fill in the oval under it.

（Ⅲ以降は裏面）（Use the revers side for III and IV.）

Ⅰ

解答記号	解答 Answer										
	–	0	1	2	3	4	5	6	7	8	9
A	⊖	⓪	①	②	③	④	⑤	⑥	⑦	⑧	⑨
B	⊖	⓪	①	②	③	④	⑤	⑥	⑦	⑧	⑨
C	⊖	⓪	①	②	③	④	⑤	⑥	⑦	⑧	⑨
D	⊖	⓪	①	②	③	④	⑤	⑥	⑦	⑧	⑨
E	⊖	⓪	①	②	③	④	⑤	⑥	⑦	⑧	⑨
F	⊖	⓪	①	②	③	④	⑤	⑥	⑦	⑧	⑨
G	⊖	⓪	①	②	③	④	⑤	⑥	⑦	⑧	⑨
H	⊖	⓪	①	②	③	④	⑤	⑥	⑦	⑧	⑨
I	⊖	⓪	①	②	③	④	⑤	⑥	⑦	⑧	⑨
J	⊖	⓪	①	②	③	④	⑤	⑥	⑦	⑧	⑨
K	⊖	⓪	①	②	③	④	⑤	⑥	⑦	⑧	⑨
L	⊖	⓪	①	②	③	④	⑤	⑥	⑦	⑧	⑨
M	⊖	⓪	①	②	③	④	⑤	⑥	⑦	⑧	⑨
N	⊖	⓪	①	②	③	④	⑤	⑥	⑦	⑧	⑨
O	⊖	⓪	①	②	③	④	⑤	⑥	⑦	⑧	⑨
P	⊖	⓪	①	②	③	④	⑤	⑥	⑦	⑧	⑨
Q	⊖	⓪	①	②	③	④	⑤	⑥	⑦	⑧	⑨
R	⊖	⓪	①	②	③	④	⑤	⑥	⑦	⑧	⑨
S	⊖	⓪	①	②	③	④	⑤	⑥	⑦	⑧	⑨
T	⊖	⓪	①	②	③	④	⑤	⑥	⑦	⑧	⑨
U	⊖	⓪	①	②	③	④	⑤	⑥	⑦	⑧	⑨
V	⊖	⓪	①	②	③	④	⑤	⑥	⑦	⑧	⑨
W	⊖	⓪	①	②	③	④	⑤	⑥	⑦	⑧	⑨
X	⊖	⓪	①	②	③	④	⑤	⑥	⑦	⑧	⑨
Y	⊖	⓪	①	②	③	④	⑤	⑥	⑦	⑧	⑨
Z	⊖	⓪	①	②	③	④	⑤	⑥	⑦	⑧	⑨

Ⅱ

解答記号	解答 Answer										
	–	0	1	2	3	4	5	6	7	8	9
A	⊖	⓪	①	②	③	④	⑤	⑥	⑦	⑧	⑨
B	⊖	⓪	①	②	③	④	⑤	⑥	⑦	⑧	⑨
C	⊖	⓪	①	②	③	④	⑤	⑥	⑦	⑧	⑨
D	⊖	⓪	①	②	③	④	⑤	⑥	⑦	⑧	⑨
E	⊖	⓪	①	②	③	④	⑤	⑥	⑦	⑧	⑨
F	⊖	⓪	①	②	③	④	⑤	⑥	⑦	⑧	⑨
G	⊖	⓪	①	②	③	④	⑤	⑥	⑦	⑧	⑨
H	⊖	⓪	①	②	③	④	⑤	⑥	⑦	⑧	⑨
I	⊖	⓪	①	②	③	④	⑤	⑥	⑦	⑧	⑨
J	⊖	⓪	①	②	③	④	⑤	⑥	⑦	⑧	⑨
K	⊖	⓪	①	②	③	④	⑤	⑥	⑦	⑧	⑨
L	⊖	⓪	①	②	③	④	⑤	⑥	⑦	⑧	⑨
M	⊖	⓪	①	②	③	④	⑤	⑥	⑦	⑧	⑨
N	⊖	⓪	①	②	③	④	⑤	⑥	⑦	⑧	⑨
O	⊖	⓪	①	②	③	④	⑤	⑥	⑦	⑧	⑨
P	⊖	⓪	①	②	③	④	⑤	⑥	⑦	⑧	⑨
Q	⊖	⓪	①	②	③	④	⑤	⑥	⑦	⑧	⑨
R	⊖	⓪	①	②	③	④	⑤	⑥	⑦	⑧	⑨
S	⊖	⓪	①	②	③	④	⑤	⑥	⑦	⑧	⑨
T	⊖	⓪	①	②	③	④	⑤	⑥	⑦	⑧	⑨
U	⊖	⓪	①	②	③	④	⑤	⑥	⑦	⑧	⑨
V	⊖	⓪	①	②	③	④	⑤	⑥	⑦	⑧	⑨
W	⊖	⓪	①	②	③	④	⑤	⑥	⑦	⑧	⑨
X	⊖	⓪	①	②	③	④	⑤	⑥	⑦	⑧	⑨
Y	⊖	⓪	①	②	③	④	⑤	⑥	⑦	⑧	⑨
Z	⊖	⓪	①	②	③	④	⑤	⑥	⑦	⑧	⑨

数学

Ⅲ

解答記号	解答 Answer										
	–	0	1	2	3	4	5	6	7	8	9
A	⊖	⓪	①	②	③	④	⑤	⑥	⑦	⑧	⑨
B	⊖	⓪	①	②	③	④	⑤	⑥	⑦	⑧	⑨
C	⊖	⓪	①	②	③	④	⑤	⑥	⑦	⑧	⑨
D	⊖	⓪	①	②	③	④	⑤	⑥	⑦	⑧	⑨
E	⊖	⓪	①	②	③	④	⑤	⑥	⑦	⑧	⑨
F	⊖	⓪	①	②	③	④	⑤	⑥	⑦	⑧	⑨
G	⊖	⓪	①	②	③	④	⑤	⑥	⑦	⑧	⑨
H	⊖	⓪	①	②	③	④	⑤	⑥	⑦	⑧	⑨
I	⊖	⓪	①	②	③	④	⑤	⑥	⑦	⑧	⑨
J	⊖	⓪	①	②	③	④	⑤	⑥	⑦	⑧	⑨
K	⊖	⓪	①	②	③	④	⑤	⑥	⑦	⑧	⑨
L	⊖	⓪	①	②	③	④	⑤	⑥	⑦	⑧	⑨
M	⊖	⓪	①	②	③	④	⑤	⑥	⑦	⑧	⑨
N	⊖	⓪	①	②	③	④	⑤	⑥	⑦	⑧	⑨
O	⊖	⓪	①	②	③	④	⑤	⑥	⑦	⑧	⑨
P	⊖	⓪	①	②	③	④	⑤	⑥	⑦	⑧	⑨
Q	⊖	⓪	①	②	③	④	⑤	⑥	⑦	⑧	⑨
R	⊖	⓪	①	②	③	④	⑤	⑥	⑦	⑧	⑨
S	⊖	⓪	①	②	③	④	⑤	⑥	⑦	⑧	⑨
T	⊖	⓪	①	②	③	④	⑤	⑥	⑦	⑧	⑨
U	⊖	⓪	①	②	③	④	⑤	⑥	⑦	⑧	⑨
V	⊖	⓪	①	②	③	④	⑤	⑥	⑦	⑧	⑨
W	⊖	⓪	①	②	③	④	⑤	⑥	⑦	⑧	⑨
X	⊖	⓪	①	②	③	④	⑤	⑥	⑦	⑧	⑨
Y	⊖	⓪	①	②	③	④	⑤	⑥	⑦	⑧	⑨
Z	⊖	⓪	①	②	③	④	⑤	⑥	⑦	⑧	⑨

Ⅳ

解答記号	解答 Answer										
	–	0	1	2	3	4	5	6	7	8	9
A	⊖	⓪	①	②	③	④	⑤	⑥	⑦	⑧	⑨
B	⊖	⓪	①	②	③	④	⑤	⑥	⑦	⑧	⑨
C	⊖	⓪	①	②	③	④	⑤	⑥	⑦	⑧	⑨
D	⊖	⓪	①	②	③	④	⑤	⑥	⑦	⑧	⑨
E	⊖	⓪	①	②	③	④	⑤	⑥	⑦	⑧	⑨
F	⊖	⓪	①	②	③	④	⑤	⑥	⑦	⑧	⑨
G	⊖	⓪	①	②	③	④	⑤	⑥	⑦	⑧	⑨
H	⊖	⓪	①	②	③	④	⑤	⑥	⑦	⑧	⑨
I	⊖	⓪	①	②	③	④	⑤	⑥	⑦	⑧	⑨
J	⊖	⓪	①	②	③	④	⑤	⑥	⑦	⑧	⑨
K	⊖	⓪	①	②	③	④	⑤	⑥	⑦	⑧	⑨
L	⊖	⓪	①	②	③	④	⑤	⑥	⑦	⑧	⑨
M	⊖	⓪	①	②	③	④	⑤	⑥	⑦	⑧	⑨
N	⊖	⓪	①	②	③	④	⑤	⑥	⑦	⑧	⑨
O	⊖	⓪	①	②	③	④	⑤	⑥	⑦	⑧	⑨
P	⊖	⓪	①	②	③	④	⑤	⑥	⑦	⑧	⑨
Q	⊖	⓪	①	②	③	④	⑤	⑥	⑦	⑧	⑨
R	⊖	⓪	①	②	③	④	⑤	⑥	⑦	⑧	⑨
S	⊖	⓪	①	②	③	④	⑤	⑥	⑦	⑧	⑨
T	⊖	⓪	①	②	③	④	⑤	⑥	⑦	⑧	⑨
U	⊖	⓪	①	②	③	④	⑤	⑥	⑦	⑧	⑨
V	⊖	⓪	①	②	③	④	⑤	⑥	⑦	⑧	⑨
W	⊖	⓪	①	②	③	④	⑤	⑥	⑦	⑧	⑨
X	⊖	⓪	①	②	③	④	⑤	⑥	⑦	⑧	⑨
Y	⊖	⓪	①	②	③	④	⑤	⑥	⑦	⑧	⑨
Z	⊖	⓪	①	②	③	④	⑤	⑥	⑦	⑧	⑨

日本留学試験　模試と解説　解答用紙

【表　FRONT SIDE】

数学

第6回

受験番号 Examinee Registration Number		名前 Name	

注意事項　Note

1. 必ず鉛筆（HB）で記入してください。
2. この解答用紙を汚したり折ったりしてはいけません。
3. マークは下のよい例のように、○わく内を完全にぬりつぶしてください。

4. 訂正する場合はプラスチック消しゴムで完全に消し、消しくずを残してはいけません。
5. 解答用紙はAからZまでありますが、問題のあるところまで答えて、あとはマークしないでください。
6. 所定の欄以外には何も書いてはいけません。
7. この解答用紙はすべて機械で処理しますので、以上の1から6までが守られていないと採点されません。

解答コース　Course	
コース1 Course 1	コース2 Course 2
○	○

この解答用紙に回答するコースを、1つ○で囲み、その下のマーク欄をマークしてください。
Circle the name of the course you are taking and fill in the oval under it.

（Ⅲ以降は裏面）　(Use the revers side for III and IV.)

I

解答記号	−	0	1	2	3	4	5	6	7	8	9
A	⊖	⓪	①	②	③	④	⑤	⑥	⑦	⑧	⑨
B	⊖	⓪	①	②	③	④	⑤	⑥	⑦	⑧	⑨
C	⊖	⓪	①	②	③	④	⑤	⑥	⑦	⑧	⑨
D	⊖	⓪	①	②	③	④	⑤	⑥	⑦	⑧	⑨
E	⊖	⓪	①	②	③	④	⑤	⑥	⑦	⑧	⑨
F	⊖	⓪	①	②	③	④	⑤	⑥	⑦	⑧	⑨
G	⊖	⓪	①	②	③	④	⑤	⑥	⑦	⑧	⑨
H	⊖	⓪	①	②	③	④	⑤	⑥	⑦	⑧	⑨
I	⊖	⓪	①	②	③	④	⑤	⑥	⑦	⑧	⑨
J	⊖	⓪	①	②	③	④	⑤	⑥	⑦	⑧	⑨
K	⊖	⓪	①	②	③	④	⑤	⑥	⑦	⑧	⑨
L	⊖	⓪	①	②	③	④	⑤	⑥	⑦	⑧	⑨
M	⊖	⓪	①	②	③	④	⑤	⑥	⑦	⑧	⑨
N	⊖	⓪	①	②	③	④	⑤	⑥	⑦	⑧	⑨
O	⊖	⓪	①	②	③	④	⑤	⑥	⑦	⑧	⑨
P	⊖	⓪	①	②	③	④	⑤	⑥	⑦	⑧	⑨
Q	⊖	⓪	①	②	③	④	⑤	⑥	⑦	⑧	⑨
R	⊖	⓪	①	②	③	④	⑤	⑥	⑦	⑧	⑨
S	⊖	⓪	①	②	③	④	⑤	⑥	⑦	⑧	⑨
T	⊖	⓪	①	②	③	④	⑤	⑥	⑦	⑧	⑨
U	⊖	⓪	①	②	③	④	⑤	⑥	⑦	⑧	⑨
V	⊖	⓪	①	②	③	④	⑤	⑥	⑦	⑧	⑨
W	⊖	⓪	①	②	③	④	⑤	⑥	⑦	⑧	⑨
X	⊖	⓪	①	②	③	④	⑤	⑥	⑦	⑧	⑨
Y	⊖	⓪	①	②	③	④	⑤	⑥	⑦	⑧	⑨
Z	⊖	⓪	①	②	③	④	⑤	⑥	⑦	⑧	⑨

II

解答記号	−	0	1	2	3	4	5	6	7	8	9
A	⊖	⓪	①	②	③	④	⑤	⑥	⑦	⑧	⑨
B	⊖	⓪	①	②	③	④	⑤	⑥	⑦	⑧	⑨
C	⊖	⓪	①	②	③	④	⑤	⑥	⑦	⑧	⑨
D	⊖	⓪	①	②	③	④	⑤	⑥	⑦	⑧	⑨
E	⊖	⓪	①	②	③	④	⑤	⑥	⑦	⑧	⑨
F	⊖	⓪	①	②	③	④	⑤	⑥	⑦	⑧	⑨
G	⊖	⓪	①	②	③	④	⑤	⑥	⑦	⑧	⑨
H	⊖	⓪	①	②	③	④	⑤	⑥	⑦	⑧	⑨
I	⊖	⓪	①	②	③	④	⑤	⑥	⑦	⑧	⑨
J	⊖	⓪	①	②	③	④	⑤	⑥	⑦	⑧	⑨
K	⊖	⓪	①	②	③	④	⑤	⑥	⑦	⑧	⑨
L	⊖	⓪	①	②	③	④	⑤	⑥	⑦	⑧	⑨
M	⊖	⓪	①	②	③	④	⑤	⑥	⑦	⑧	⑨
N	⊖	⓪	①	②	③	④	⑤	⑥	⑦	⑧	⑨
O	⊖	⓪	①	②	③	④	⑤	⑥	⑦	⑧	⑨
P	⊖	⓪	①	②	③	④	⑤	⑥	⑦	⑧	⑨
Q	⊖	⓪	①	②	③	④	⑤	⑥	⑦	⑧	⑨
R	⊖	⓪	①	②	③	④	⑤	⑥	⑦	⑧	⑨
S	⊖	⓪	①	②	③	④	⑤	⑥	⑦	⑧	⑨
T	⊖	⓪	①	②	③	④	⑤	⑥	⑦	⑧	⑨
U	⊖	⓪	①	②	③	④	⑤	⑥	⑦	⑧	⑨
V	⊖	⓪	①	②	③	④	⑤	⑥	⑦	⑧	⑨
W	⊖	⓪	①	②	③	④	⑤	⑥	⑦	⑧	⑨
X	⊖	⓪	①	②	③	④	⑤	⑥	⑦	⑧	⑨
Y	⊖	⓪	①	②	③	④	⑤	⑥	⑦	⑧	⑨
Z	⊖	⓪	①	②	③	④	⑤	⑥	⑦	⑧	⑨

数学

Ⅲ

解答記号	解答 Answer										
	−	0	1	2	3	4	5	6	7	8	9
A	⊖	⓪	①	②	③	④	⑤	⑥	⑦	⑧	⑨
B	⊖	⓪	①	②	③	④	⑤	⑥	⑦	⑧	⑨
C	⊖	⓪	①	②	③	④	⑤	⑥	⑦	⑧	⑨
D	⊖	⓪	①	②	③	④	⑤	⑥	⑦	⑧	⑨
E	⊖	⓪	①	②	③	④	⑤	⑥	⑦	⑧	⑨
F	⊖	⓪	①	②	③	④	⑤	⑥	⑦	⑧	⑨
G	⊖	⓪	①	②	③	④	⑤	⑥	⑦	⑧	⑨
H	⊖	⓪	①	②	③	④	⑤	⑥	⑦	⑧	⑨
I	⊖	⓪	①	②	③	④	⑤	⑥	⑦	⑧	⑨
J	⊖	⓪	①	②	③	④	⑤	⑥	⑦	⑧	⑨
K	⊖	⓪	①	②	③	④	⑤	⑥	⑦	⑧	⑨
L	⊖	⓪	①	②	③	④	⑤	⑥	⑦	⑧	⑨
M	⊖	⓪	①	②	③	④	⑤	⑥	⑦	⑧	⑨
N	⊖	⓪	①	②	③	④	⑤	⑥	⑦	⑧	⑨
O	⊖	⓪	①	②	③	④	⑤	⑥	⑦	⑧	⑨
P	⊖	⓪	①	②	③	④	⑤	⑥	⑦	⑧	⑨
Q	⊖	⓪	①	②	③	④	⑤	⑥	⑦	⑧	⑨
R	⊖	⓪	①	②	③	④	⑤	⑥	⑦	⑧	⑨
S	⊖	⓪	①	②	③	④	⑤	⑥	⑦	⑧	⑨
T	⊖	⓪	①	②	③	④	⑤	⑥	⑦	⑧	⑨
U	⊖	⓪	①	②	③	④	⑤	⑥	⑦	⑧	⑨
V	⊖	⓪	①	②	③	④	⑤	⑥	⑦	⑧	⑨
W	⊖	⓪	①	②	③	④	⑤	⑥	⑦	⑧	⑨
X	⊖	⓪	①	②	③	④	⑤	⑥	⑦	⑧	⑨
Y	⊖	⓪	①	②	③	④	⑤	⑥	⑦	⑧	⑨
Z	⊖	⓪	①	②	③	④	⑤	⑥	⑦	⑧	⑨

Ⅳ

解答記号	解答 Answer										
	−	0	1	2	3	4	5	6	7	8	9
A	⊖	⓪	①	②	③	④	⑤	⑥	⑦	⑧	⑨
B	⊖	⓪	①	②	③	④	⑤	⑥	⑦	⑧	⑨
C	⊖	⓪	①	②	③	④	⑤	⑥	⑦	⑧	⑨
D	⊖	⓪	①	②	③	④	⑤	⑥	⑦	⑧	⑨
E	⊖	⓪	①	②	③	④	⑤	⑥	⑦	⑧	⑨
F	⊖	⓪	①	②	③	④	⑤	⑥	⑦	⑧	⑨
G	⊖	⓪	①	②	③	④	⑤	⑥	⑦	⑧	⑨
H	⊖	⓪	①	②	③	④	⑤	⑥	⑦	⑧	⑨
I	⊖	⓪	①	②	③	④	⑤	⑥	⑦	⑧	⑨
J	⊖	⓪	①	②	③	④	⑤	⑥	⑦	⑧	⑨
K	⊖	⓪	①	②	③	④	⑤	⑥	⑦	⑧	⑨
L	⊖	⓪	①	②	③	④	⑤	⑥	⑦	⑧	⑨
M	⊖	⓪	①	②	③	④	⑤	⑥	⑦	⑧	⑨
N	⊖	⓪	①	②	③	④	⑤	⑥	⑦	⑧	⑨
O	⊖	⓪	①	②	③	④	⑤	⑥	⑦	⑧	⑨
P	⊖	⓪	①	②	③	④	⑤	⑥	⑦	⑧	⑨
Q	⊖	⓪	①	②	③	④	⑤	⑥	⑦	⑧	⑨
R	⊖	⓪	①	②	③	④	⑤	⑥	⑦	⑧	⑨
S	⊖	⓪	①	②	③	④	⑤	⑥	⑦	⑧	⑨
T	⊖	⓪	①	②	③	④	⑤	⑥	⑦	⑧	⑨
U	⊖	⓪	①	②	③	④	⑤	⑥	⑦	⑧	⑨
V	⊖	⓪	①	②	③	④	⑤	⑥	⑦	⑧	⑨
W	⊖	⓪	①	②	③	④	⑤	⑥	⑦	⑧	⑨
X	⊖	⓪	①	②	③	④	⑤	⑥	⑦	⑧	⑨
Y	⊖	⓪	①	②	③	④	⑤	⑥	⑦	⑧	⑨
Z	⊖	⓪	①	②	③	④	⑤	⑥	⑦	⑧	⑨

EJU

日本留学試験

EJU

실전모의고사 수학 코스1

해설집

解答

問 Q.		解答番号 row	正解 A.
I	問1	A	0
		B	1
		CD	11
		EFGH	2141
		I	1
		JK	43
	問2	LMN	120
		O	6
		PQ	39
		RS	11
		TU	60
II	問1	ABC	715
		D	3
		EFG	415
		HI	38
		J	1
		K	1
	問2	LMNO	2213
		PQ	13
		RS	13
		T	2
		U	2
		VW	13
III		AB	33
		CD	11
		E	3
		F	1
		GH	22
		I	8
		J	2
		KL	48
		MNO	247
IV		A	2
		B	3
		CDE	213
		FGH	332
		IJKL	7312
		MNO	718
		PQRST	62111

解答：I　問 1　**難易度 ★★**

(1)　放物線 $C: y=ax^2+bx+c$ が点 O(0, 0) を通ることより

$$c = \boxed{0}$$

であり，点 A(1, 1) を通ることより

$$1=a+b \qquad \therefore \quad b=\boxed{1}-a$$

である。これより，C の式は

$$y=ax^2+(1-a)x$$

と書ける。さらに，点 B$(t,\ t^2-t+1)$ を通ることから

$$t^2-t+1=at^2+(1-a)t \qquad \therefore \quad (t-1)^2=at(t-1)$$

であり，よって

$$at=t-1 \qquad \therefore \quad a=\frac{t-1}{t}$$

である。これより，C の式は

$$y=\left(\frac{t-\boxed{1}}{t}\right)x^2+\left(\frac{\boxed{1}}{t}\right)x \qquad \cdots\cdots①$$

である。

(2)　① の右辺を平方完成すると

$$\begin{aligned} y&=\left(\frac{t-1}{t}\right)x^2+\left(\frac{1}{t}\right)x \\ &=\left(\frac{t-1}{t}\right)\left(x^2+\frac{1}{t-1}x\right) \\ &=\left(\frac{t-1}{t}\right)\left\{\left(x+\frac{1}{2(t-1)}\right)^2-\left(\frac{1}{2(t-1)}\right)^2\right\} \\ &=\left(\frac{t-1}{t}\right)\left(x+\frac{1}{2(t-1)}\right)^2-\frac{1}{4t(t-1)} \end{aligned}$$

となる。したがって，頂点 C の座標は

$$\mathrm{C}\left(-\frac{1}{\boxed{2}\left(t-\boxed{1}\right)},\ -\frac{1}{\boxed{4}\,t\left(t-\boxed{1}\right)}\right)$$

である。

(3) $u=t(t-1)$ とおくと，

$$u=t(t-1)=\left(t-\frac{1}{2}\right)^2-\frac{1}{4}$$

より，図1のように，u は $\frac{1}{4}\leqq t\leqq\frac{3}{4}$ の範囲において，$t=\frac{1}{2}$ のとき最小値 $u=-\frac{1}{4}$，$t=\frac{1}{4}$，$\frac{3}{4}$ のとき最大値 $u=-\frac{3}{16}$ をとる。

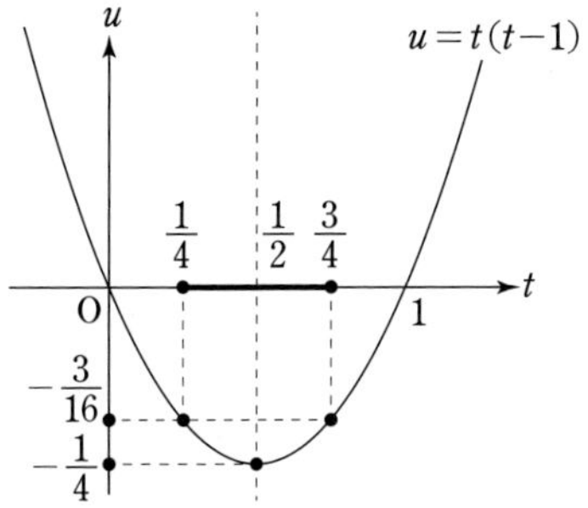

図 1

したがって

$$-\frac{1}{4}\leqq u\leqq-\frac{3}{16} \qquad \therefore\ \frac{3}{4}\leqq-4u\leqq 1 \qquad \therefore\ 1\leqq-\frac{1}{4u}\leqq\frac{3}{4}$$

より，頂点 C の y 座標のとり得る値の範囲は

$$\boxed{1}\leqq y\leqq\frac{\boxed{4}}{\boxed{3}}$$

である。

解答：Ⅰ　問2　**難易度 ★**

(1) 取り出し方の総数は，異なる10個のものから3個取り出す組み合わせの総数と同じである。したがって

$$ {}_{10}C_3 = \frac{10 \cdot 9 \cdot 8}{3 \cdot 2 \cdot 1} = \boxed{120} \text{（通り）} $$

である。

(2) $3 \leqq a+b \leqq 6$ を満たすとき，$a<b$ であることに注意すると a，b の組 $(a,\ b)$ は

$$ (a,\ b) = (1,\ 2),\ (1,\ 3),\ (1,\ 4),\ (1,\ 5),\ (2,\ 3),\ (2,\ 4) $$

の $\boxed{6}$ 個である。それぞれの $(a,\ b)$ に対して，c は $b+1 \leqq c \leqq 10$ を満たすので，$10-b$ 個の値をとり得る。したがって，求める取り出し方は

$$ 8+7+6+5+7+6 = \boxed{39} \text{（通り）} $$

である。

(3) $2 \leqq a+c \leqq 8$ を満たすとき，$a<b<c$ であることに注意すると a，c の組 $(a,\ c)$ は

$$ (a,\ c) = (1,\ 3),\ (1,\ 4),\ (1,\ 5),\ (1,\ 6),\ (1,\ 7), $$
$$ (2,\ 4),\ (2,\ 5),\ (2,\ 6),\ (3,\ 5) $$

の9個ある。それぞれの $(a,\ c)$ に対して，b は $a+1 \leqq b \leqq c-1$ を満たすので，$c-a-1$ 個の値をとり得る。よって，すべての取り出し方は

$$ 1+2+3+4+5+1+2+3+1 = 22 \text{（通り）} $$

であり，したがって，求める確率は

$$ \frac{22}{120} = \frac{\boxed{11}}{\boxed{60}} $$

である。

解答：Ⅱ　問１　**難易度 ★**

(1)　a の分母を有理化すると

$$a=\frac{34(7-\sqrt{15})}{(7+\sqrt{15})(7-\sqrt{15})}=\frac{34(7-\sqrt{15})}{49-15}=\boxed{7}-\sqrt{\boxed{15}}$$

となる。ここで

$$3<\sqrt{15}<4 \qquad \therefore \quad 3<7-\sqrt{15}<4$$

より

$$(a\text{ の整数部分})=\boxed{3}, \quad (a\text{ の小数部分})=\boxed{4}-\sqrt{\boxed{15}}$$

である。

(2)　$b=4-\sqrt{15}$ について

$$10b=40-\sqrt{1500}$$

であり

$$38^2=1444, \quad 39^2=1521$$

より

$$\boxed{38}^2<1500<39^2 \qquad \therefore \quad 38<\sqrt{1500}<39$$

である。したがって

$$\boxed{1}<40-\sqrt{1500}<2$$

であり，$10b$ の整数部分，すなわち，a の小数第１位は $\boxed{1}$ である。

解答：Ⅱ　問2　**難易度 ★★**

(1) $f(x)$ を平方完成すると

$$f(x)=x^2-(k^2+2)x+\frac{k^4}{4}+2k^2-12$$

$$=\left(x-\frac{k^2+2}{2}\right)^2-\left(\frac{k^2+2}{2}\right)^2+\frac{k^4}{4}+2k^2-12$$

$$=\left(x-\frac{k^2+\boxed{2}}{\boxed{2}}\right)^2+k^2-\boxed{13}$$

である。放物線 $y=f(x)$ を C とすると，C の対称軸の方程式は

$$x=\frac{k^2+2}{2}\ (>0)$$

である。図 1 のように，C が x 軸と $x\geqq 0$ の部分で共有点を持つとき，2 次方程式 ① は 0 以上の解を持つ。

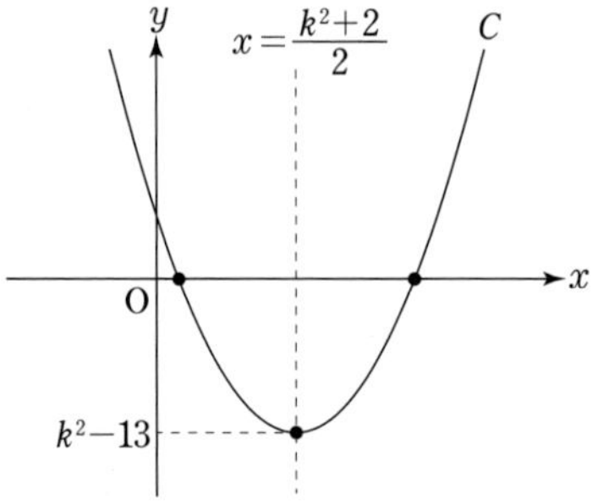

図 1

したがって，求める条件は

$$k^2-13\leqq 0 \qquad \therefore\ -\sqrt{\boxed{13}}\leqq k\leqq\sqrt{\boxed{13}}$$

である。

(2) 放物線 C が x 軸と $x \geqq 0$ の部分で1つだけ共有点を持つのは以下の場合である。

(i) 図2のように，$x \geqq 0$ の部分で C が x 軸と接する。このとき

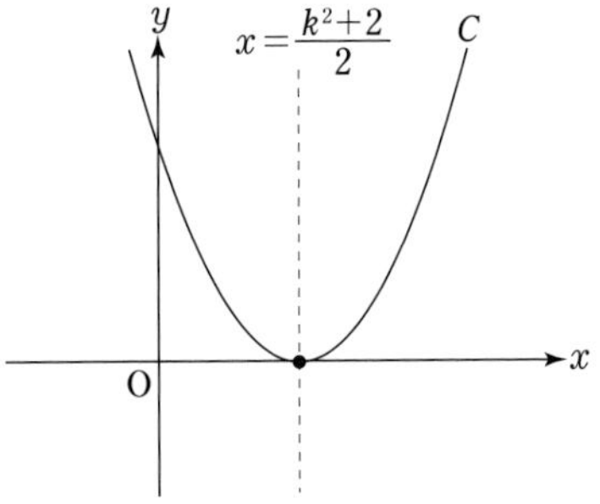

図2

$$k^2 - 13 = 0 \qquad \therefore \quad k = \pm\sqrt{13}$$

となる。

(ii) 図3のように，$x < 0$ の部分で C が x 軸と共有点を持つ。このとき

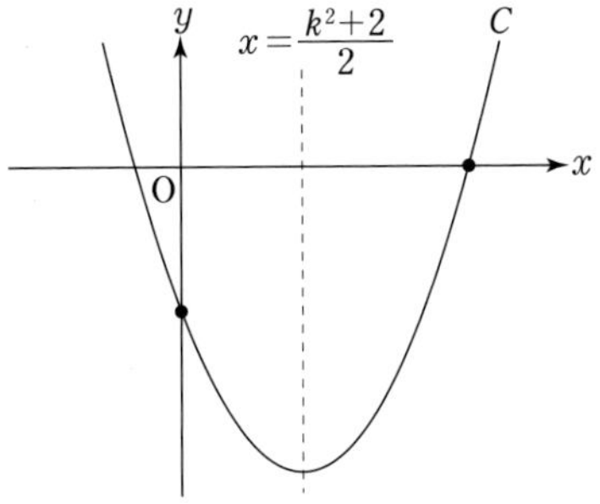

図3

$$f(0) = \frac{1}{4}(k^4 + 8k^2 - 48) < 0$$

より

$$(k^2 - 4)(k^2 + 12) < 0 \qquad \therefore \quad k^2 - 4 < 0 \qquad \therefore \quad -2 < k < 2$$

となる。

したがって，求める条件は

$$-\boxed{2} < k < \boxed{2} \quad \text{または} \quad k = \pm\sqrt{\boxed{13}}$$

である。

解答：Ⅲ　**難易度 ★**

(1) 1から100までの自然数について

$$100=3\cdot 33+1,\quad 100=3^2\cdot 11+1$$
$$100=3^3\cdot 3+19,\quad 100=3^4\cdot 1+19$$

より

$$n(A)=\boxed{33},\ n(B)=\boxed{11},\ n(C)=\boxed{3},\ n(D)=\boxed{1}$$

である。また，$A\supset B$ であり

$$n(A\cap\overline{B})=n(A)-n(B)=\boxed{22}$$

である。同様に

$$n(B\cap\overline{C})=n(B)-n(C)=\boxed{8}$$
$$n(C\cap\overline{D})=n(C)-n(D)=\boxed{2}$$

である。したがって，求める n は

$$n=22+2\cdot 8+3\cdot 2+4\cdot 1=\boxed{48}$$

である。

(2) 1から500までの自然数の集合を U とするとき，U の部分集合で，3の倍数全体の集合を A，3^2 の倍数全体の集合を B，3^3 の倍数全体の集合を C，3^4 の倍数全体の集合を D，3^5 の倍数全体の集合を E とする。各集合に含まれる要素の個数を求めると

$$500=3\cdot 166+2,\quad 500=3^2\cdot 55+5$$
$$500=3^3\cdot 18+14,\quad 500=3^4\cdot 6+14$$
$$500=3^5\cdot 2+14$$

より

$$n(A)=166,\ n(B)=55,\ n(C)=18,\ n(D)=6,\ n(E)=2$$

である。したがって，求める n は

$$\begin{aligned}n&=166-55+2(55-18)+3(18-6)+4(6-2)+5\cdot 2\\&=111+74+36+16+10\\&=\boxed{247}\end{aligned}$$

である。

解答：Ⅳ　**難易度 ★★**

$x=\mathrm{AB}$ とおくと，$\mathrm{AC}=\dfrac{3}{2}x$ であり，三角形ABCについて，余弦定理より

$$x^2+\left(\frac{3}{2}x\right)^2-2\cdot x^2\cdot\frac{3}{2}\cos 60^\circ=7 \qquad \therefore\quad x^2+\frac{9}{4}x^2-\frac{3}{2}x^2=7$$

である。よって

$$x^2=4 \qquad \therefore\quad x=2$$

であり

$$\mathrm{AB}=\boxed{2},\ \mathrm{AC}=\boxed{3}$$

である。また，三角形ABCについて，正弦定理より

$$2R\sin 60^\circ=\sqrt{7} \qquad \therefore\quad R=\sqrt{\frac{7}{3}}=\frac{\sqrt{\boxed{21}}}{\boxed{3}}$$

である。ここで，図1のように，∠BOC＝120°であり，△ABCと△OBCは

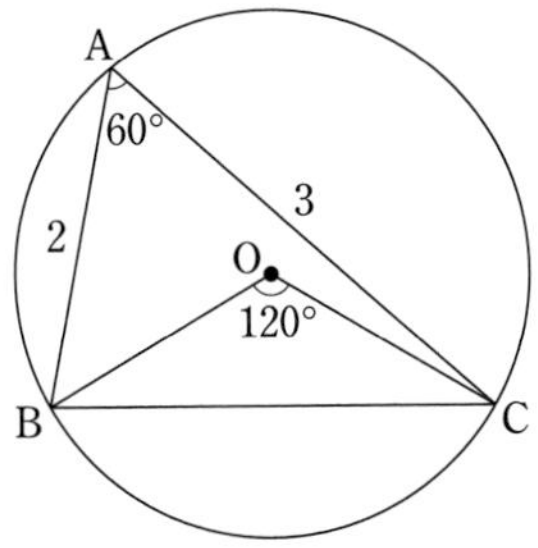

図1

$$\triangle\mathrm{ABC}=\frac{1}{2}\cdot 2\cdot 3\sin 60^\circ=\frac{\boxed{3}\sqrt{\boxed{3}}}{\boxed{2}}$$

$$\triangle\mathrm{OBC}=\frac{1}{2}R^2\sin 120^\circ=\frac{\boxed{7}\sqrt{\boxed{3}}}{\boxed{12}}$$

となる。よって，図2のように

$$\frac{\mathrm{OD}}{\mathrm{AD}}=\frac{\triangle\mathrm{OBC}}{\triangle\mathrm{ABC}}=\frac{\boxed{7}}{\boxed{18}}$$

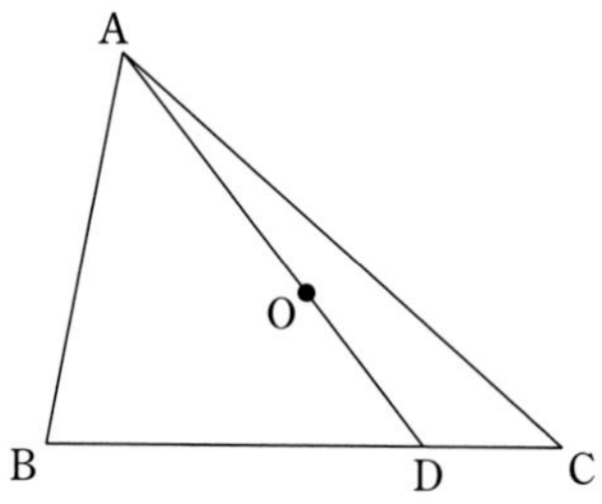

図2

となり，これより

$$\frac{\mathrm{OA}}{\mathrm{AD}}=1-\frac{\mathrm{OD}}{\mathrm{AD}}=\frac{11}{18}$$

となる。したがって，求める線分の長さは

$$\mathrm{AD}=\frac{18}{11}\cdot\mathrm{OA}=\frac{18}{11}R=\frac{\boxed{6}\sqrt{\boxed{21}}}{\boxed{11}}$$

である。

- 計算欄 (memo) -

解答

問 Q.		解答番号 row	正解 A.
I	問1	A	2
		B	2
		CDE	222
		F	1
		G	1
		HI	12
		J	2
		K	1
		L	1
	問2	MN	59
		OP	29
		QRS	212
		TUV	405
		WXY	182
II	問1	AB	25
		C	5
		DEFG	5132
		H	4
		I	0
		J	5
	問2	KLM	123
		NO	-1
		P	2
		QR	31
		ST	44
		UV	-1
		W	3
III		AB	14
		C	8
		DEFGH	16177
		IJ	22
		KLMNO	44485
IV		AB	12
		CD	60
		EFG	103
		H	3
		IJKLM	40313
		NOPQ	2037
		RSTUV	14313

解答：I　問 1　**難易度 ★★**

t を $0<t<2$ を満たす実数とする。xy 平面上の 3 点

$$A(0,\ 1),\ B(t,\ 0),\ C(t-2,\ 0)$$

を通る放物線を C として，C の頂点を D とする。このとき，以下の問いに答えなさい。

(1)　放物線 C が，x 軸上の 2 点 $B(t,\ 0)$，$C(t-2,\ 0)$ を通ることから，C の式は

$$y=a(x-t)\left(x-t+\boxed{2}\right)\quad (a\neq 0)$$

と表せる。さらに，C は点 $A(0,\ 1)$ を通ることから

$$1=at(t-2)\qquad \therefore\ a=\frac{1}{t(t-2)}$$

であり，C の式は

$$y=\frac{1}{t\left(t-\boxed{2}\right)}x^2-\frac{\boxed{2}\,t-\boxed{2}}{t\left(t-\boxed{2}\right)}x+\boxed{1}$$

である。

(2)　C の式の右辺を平方完成すると

$$\begin{aligned}y&=\frac{1}{t(t-2)}x^2-\frac{2t-2}{t(t-2)}x+1\\&=\frac{1}{t(t-2)}\{x^2-2(t-1)x\}+1\\&=\frac{1}{t(t-2)}\left[\{x-(t-1)\}^2-(t-1)^2\right]+1\\&=\frac{1}{t(t-2)}(x-t+1)^2-\frac{(t-1)^2}{t(t-2)}+1\\&=\frac{1}{t(t-2)}(x-t+1)^2-\frac{1}{t(t-2)}\end{aligned}$$

である。したがって，頂点 D の座標は

$$D\left(t-\boxed{1},\ -\frac{\boxed{1}}{t\left(t-\boxed{2}\right)}\right)$$

である。

(3) 図1のように，放物線 $y=ax^2$ と2直線 $y=x$，$y=-x$ の交点をそれぞれG，Hとすると

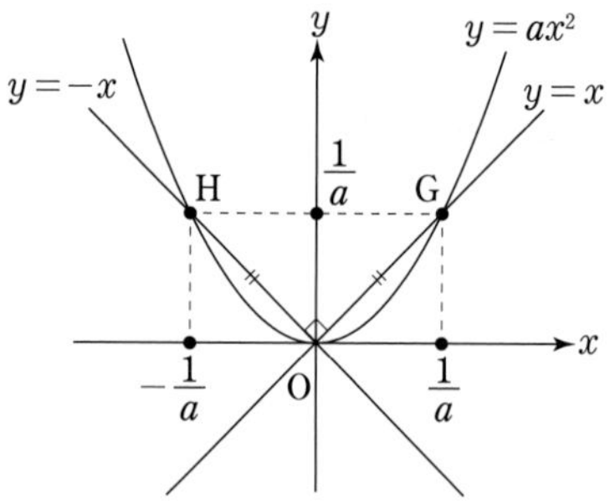

図1

$$G\left(\frac{1}{a},\ \frac{1}{a}\right),\ H\left(-\frac{1}{a},\ \frac{1}{a}\right)$$

である。このとき

$$OG=OH,\ \angle GOH=90^\circ$$

であり，直角二等辺三角形OGHの面積は $\left(\frac{1}{a}\right)^2$ である。このことは，$a<0$ の場合も成り立つ。

したがって，$a=\frac{1}{t(t-2)}$ の場合を考えると，求める直角二等辺三角形DEFの面積 S は

$$S=t^2\left(t-\boxed{2}\right)^2$$

である。さらに

$$S=\{t(t-2)\}^2=\{(t-1)^2-1\}^2$$

より，S は $t=\boxed{1}$ のとき，最大値 $\boxed{1}$ をとる。

解答：Ⅰ　問2　難易度 ★★★

(1) 試行1において，10枚のカードから2枚のカードをランダムに取り出す。取り出し方の総数は

$$ {}_{10}C_2=\frac{10\cdot 9}{2\cdot 1}=45 $$

である。よって，赤のカードを1枚と黒のカードを1枚取り出す確率は

$$ \frac{5\cdot 5}{{}_{10}C_2}=\frac{25}{45}=\frac{\boxed{5}}{\boxed{9}} $$

であり，赤のカードを2枚取り出す確率は

$$ \frac{{}_5C_2}{{}_{10}C_2}=\frac{10}{45}=\frac{\boxed{2}}{\boxed{9}} $$

である。また，黒のカードを2枚取り出す確率は

$$ \frac{{}_5C_2}{{}_{10}C_2}=\frac{10}{45}=\frac{2}{9} $$

である。

(2) 試行2においても，10枚のカードから2枚のカードをランダムに取り出すので，取り出し方の総数は

$$ {}_{10}C_2=\frac{10\cdot 9}{2\cdot 1}=45 $$

である。しかし，試行1の結果により，箱に入っている赤と黒のカードの枚数が異なってくる。

(a) 試行1で赤のカードを2枚取り出した場合，箱には赤のカードが5枚，黒のカードが5枚入っている。

(i) 試行2で赤のカード2枚取り出す確率は

$$ \frac{2}{9}\cdot\frac{{}_5C_2}{{}_{10}C_2}=\frac{2}{9}\cdot\frac{2}{9}=\frac{4}{81} $$

である。このとき，箱には赤のカード3枚と黒のカードが7枚入っている。

(ii) 試行 2 で赤のカード 1 枚と黒のカード 1 枚取り出す確率は

$$\frac{2}{9}\cdot\frac{5\cdot 5}{{}_{10}\mathrm{C}_2}=\frac{2}{9}\cdot\frac{5}{9}=\frac{10}{81}$$

である。このとき，箱には赤のカード 4 枚と黒のカードが 6 枚入っている。

(iii) 試行 2 で黒のカード 2 枚取り出す確率は

$$\frac{2}{9}\cdot\frac{{}_5\mathrm{C}_2}{{}_{10}\mathrm{C}_2}=\frac{2}{9}\cdot\frac{2}{9}=\frac{4}{81}$$

である。このとき，箱には赤のカード 5 枚と黒のカードが 5 枚入っている。

(b) 試行 1 で赤のカードを 1 枚，黒のカードを 1 枚取り出した場合，箱には赤のカードが 6 枚，黒のカードが 4 枚入っている。

(i) 試行 2 で赤のカード 2 枚取り出す確率は

$$\frac{5}{9}\cdot\frac{{}_6\mathrm{C}_2}{{}_{10}\mathrm{C}_2}=\frac{5}{9}\cdot\frac{1}{3}=\frac{5}{27}$$

である。このとき，箱には赤のカード 4 枚と黒のカードが 6 枚入っている。

(ii) 試行 2 で赤のカード 1 枚と黒のカード 1 枚取り出す確率は

$$\frac{5}{9}\cdot\frac{6\cdot 4}{{}_{10}\mathrm{C}_2}=\frac{5}{9}\cdot\frac{8}{15}=\frac{8}{27}$$

である。このとき，箱には赤のカード 5 枚と黒のカードが 5 枚入っている。

(iii) 試行 2 で黒のカード 2 枚取り出す確率は

$$\frac{5}{9}\cdot\frac{{}_4\mathrm{C}_2}{{}_{10}\mathrm{C}_2}=\frac{5}{9}\cdot\frac{2}{15}=\frac{2}{27}$$

である。このとき，箱には赤のカード 6 枚と黒のカードが 4 枚入っている。

(c) 試行 1 で黒のカードを 2 枚取り出した場合，箱には赤のカードが 7 枚，黒のカードが 3 枚入っている。

(i) 試行 2 で赤のカード 2 枚取り出す確率は

$$\frac{2}{9}\cdot\frac{{}_7\mathrm{C}_2}{{}_{10}\mathrm{C}_2}=\frac{2}{9}\cdot\frac{7}{15}=\frac{14}{135}$$

である。このとき，箱には赤のカード 5 枚と黒のカードが 5 枚入っている。

(ii) 試行 2 で赤のカード 1 枚と黒のカード 1 枚取り出す確率は

$$\frac{2}{9}\cdot\frac{7\cdot 3}{{}_{10}\mathrm{C}_2}=\frac{2}{9}\cdot\frac{7}{15}=\frac{14}{135}$$

である。このとき，箱には赤のカード 6 枚と黒のカードが 4 枚入っている。

(iii) 試行 2 で黒のカード 2 枚取り出す確率は

$$\frac{2}{9}\cdot\frac{{}_3C_2}{{}_{10}C_2}=\frac{2}{9}\cdot\frac{1}{15}=\frac{2}{135}$$

である。このとき，箱には赤のカード 7 枚と黒のカードが 3 枚入っている。

したがって，試行 2 において箱から赤のカード 1 枚と黒のカードを 1 枚取り出す確率は

$$\frac{10}{81}+\frac{8}{27}+\frac{14}{135}=\frac{50+120+42}{405}=\frac{\boxed{212}}{\boxed{405}}$$

である。また，試行 2 を行った後，箱に入っている赤のカードと黒のカードの枚数が同じになる確率は

$$\frac{4}{81}+\frac{8}{27}+\frac{14}{135}=\frac{20+120+42}{405}=\frac{\boxed{182}}{405}$$

である。

解答：Ⅱ　問 1　**難易度 ★★**

(1)　①のとき

$$\left(x+\frac{3}{x}\right)^2=x^2+\frac{9}{x^2}+6=\boxed{25}$$

であり，$x>0$ より

$$x+\frac{3}{x}=\boxed{5}$$

である。これより，x の 2 次方程式

$$x^2-5x+3=0$$

が得られる。これを解くと，求める正の実数 x は

$$x=\frac{\boxed{5}\pm\sqrt{\boxed{13}}}{\boxed{2}}$$

である。

(2)　(1) より

$$a=\frac{5+\sqrt{13}}{2},\ \ b=\frac{5-\sqrt{13}}{2}$$

である。このとき

$$3<\sqrt{13}<4 \qquad \therefore\ \ 4<\frac{5+\sqrt{13}}{2}<\frac{9}{2} \qquad \therefore\ \ 4<a<5$$

$$-4<-\sqrt{13}<-3 \qquad \therefore\ \ \frac{1}{2}<\frac{5-\sqrt{13}}{2}<1 \qquad \therefore\ \ 0<b<1$$

であり，a の整数部分は $\boxed{4}$，b の整数部分は $\boxed{0}$ である。また

$$\frac{1}{b}=\frac{2}{5-\sqrt{13}}=\frac{2\left(5+\sqrt{13}\right)}{12}=\frac{5+\sqrt{13}}{6}$$

より

$$a+\frac{1}{b}=\frac{2}{3}\left(5+\sqrt{13}\right)$$

である。ここで

$$8 < 5+\sqrt{13} < 9 \qquad \therefore \quad \frac{16}{3} < \frac{2}{3}\left(5+\sqrt{13}\right) < 6 \qquad \therefore \quad 5 < a+\frac{1}{b} < 6$$

である。したがって，$a+\dfrac{1}{b}$の整数部分は $\boxed{\mathbf{5}}$ である。

第2回

解答：Ⅱ　問2　**難易度 ★★**

(1)　$f(x)$ を平方完成すると

$$\begin{aligned} f(x) &= x^2-2(a-1)ax+4a^2 \\ &= \{x-(a-1)a\}^2-(a-1)^2a^2+4a^2 \\ &= \{x-(a-1)a\}^2-a^2\{(a-1)^2-4\} \\ &= \{x-(a-1)a\}^2-a^2(a^2-2a-3) \\ &= \left\{x-\left(a-\boxed{\mathbf{1}}\right)a\right\}^2-a^4+\boxed{\mathbf{2}}a^3+\boxed{\mathbf{3}}a^2 \end{aligned}$$

である。

(2)　放物線 $y=f(x)$ を C とすると，C の対称軸の方程式は

$$x=(a-1)a$$

であり，これが $x\geqq 2$ の部分に入っているか，出ているかで場合分けすればよい。

(i)　$(a-1)a\geqq 2$ のとき，すなわち

$$a^2-a-2=(a-2)(a+1)\geqq 0 \qquad \therefore \quad a\leqq -1,\ a\geqq 2$$

のとき，$f(x)$ は，図1のように，$x=(a-1)a$ のときに最小値

$$m=-a^2(a^2-2a-3)=-a^2(a-3)(a+1)$$

をとる。

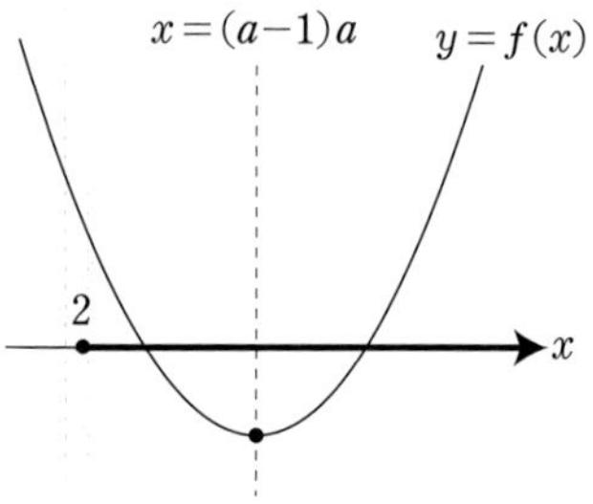

図1

(ii)　$(a-1)a<2$ のとき，すなわち

$$a^2-a-2=(a-2)(a+1)<0 \qquad \therefore \quad -1<a<2$$

のとき，$f(x)$ は，図2のように，$x=2$ のときに最小値

$$m=f(2)=4-4(a-1)a+4a^2=4a+4$$

をとる。

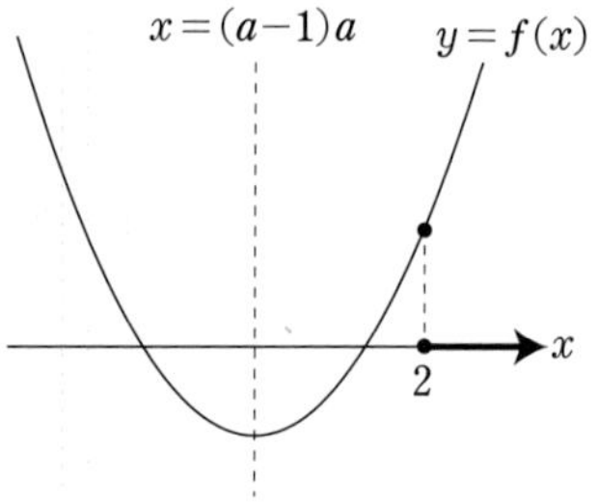

図2

したがって，求める m は

$$a \leqq \boxed{-1} \text{ または } a \geqq \boxed{2} \quad \text{のとき} \quad m = -a^2\left(a - \boxed{3}\right)\left(a + \boxed{1}\right)$$

$$-1 < a < 2 \quad \text{のとき} \quad m = \boxed{4}\,a + \boxed{4}$$

である。

第2回

(3) $a \neq 0$ のとき $a^2 > 0$ であることに注意する。

(i) $a \leqq -1$ または $a \geqq 2$ のとき

$$m = -a^2(a-3)(a+1) \geqq 0$$

とすると

$$(a-3)(a+1) \leqq 0 \qquad \therefore \quad -1 \leqq a \leqq 3$$

である。よって，$a \leqq -1$ または $a \geqq 2$ より

$$a = -1 \text{ または } 2 \leqq a \leqq 3$$

である。

(ii) $-1 < a < 2$ のとき

$$m = 4a + 4 \geqq 0$$

とすると

$$a \geqq -1$$

である。よって，$-1 < a < 2$ より

$$-1 < a < 2$$

である。

したがって，求める a のとり得る値の範囲は

$$\boxed{-1} \leqq a \leqq \boxed{3}$$

である。

解答：Ⅲ **難易度 ★★**

$\dfrac{14155}{7}=2022+\dfrac{1}{7}$ であり，① より

$$2022n<m<2022n+\frac{n}{7} \qquad \cdots\cdots ②$$

である。

(1) $n=100$ のとき，② より

$$202200<m<202200+\frac{100}{7}=202200+14+\frac{2}{7}$$

である。m は整数なので

$$202201\leqq m\leqq 202214$$

である。したがって

$$202214-202201+1=14$$

より，① を満たす m は **14** 個である。

(2) ② より

$$2022n+1\leqq m<2022n+\frac{n}{7} \qquad \cdots\cdots ③$$

である。これを満たす整数 m が存在する条件は，図 1 より

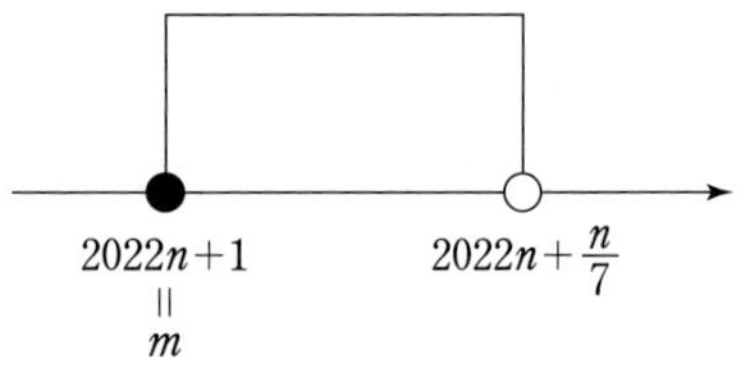

図 1

$$2022n+1<2022n+\frac{n}{7} \qquad \therefore \quad n>7 \qquad \therefore \quad n\geqq 8$$

であり，$n=8$ のとき，③ は

$$2022\cdot 8+1\leqq m<2022\cdot 8+1+\frac{1}{7}$$

となる。したがって，① を満たす最小の n は **8** であり，このとき

$$m=2022\cdot 8+1=16176+1=\boxed{16177}$$

である。

(3) 不等式

$$2022<\frac{m}{n}<\frac{m+2}{n}<\frac{14155}{7} \quad \cdots\cdots④$$

より

$$2022n<m<m+2<2022n+\frac{n}{7}$$

$$\therefore \quad 2022n+1\leqq m<m+2<2022n+\frac{n}{7} \quad \cdots\cdots⑤$$

となる。これを満たす整数 m が存在する条件は，図 2 より

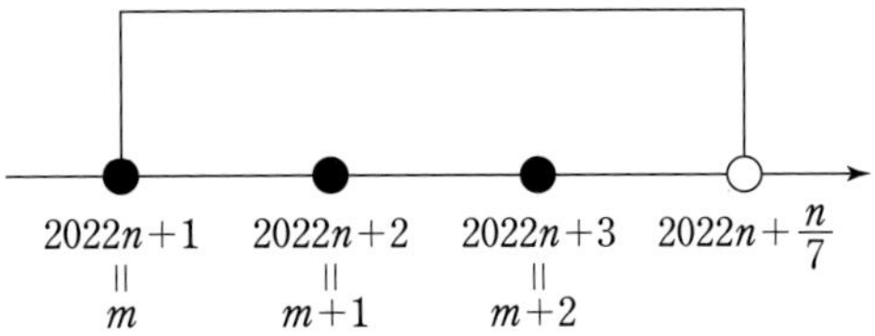

図 2

$$2022n+3<2022n+\frac{n}{7} \quad \therefore \quad n>21 \quad \therefore \quad n\geqq 22$$

であり，$n=22$ のとき，⑤ は

$$2022\cdot 22+1\leqq m<m+2<2022\cdot 22+3+\frac{1}{7}$$

となる。したがって，④ を満たす最小の n は **22** であり，このとき

$$m=2022\cdot 22+1=44484+1=\boxed{44485}$$

である。

解答：Ⅳ　**難易度 ★★**

三角形 ABC について余弦定理より

$$\cos\angle BAC=\frac{5^2+8^2-7^2}{2\cdot5\cdot8}=\frac{\boxed{1}}{\boxed{2}}$$

である。これより

$$\angle BAC=\boxed{60}^\circ$$

である。また，三角形 ABC の面積は

$$\triangle ABC=\frac{1}{2}\cdot5\cdot8\sin60^\circ=\frac{1}{2}\cdot5\cdot8\cdot\frac{\sqrt{3}}{2}=\boxed{10}\sqrt{\boxed{3}}$$

である。ここで，図 1 より

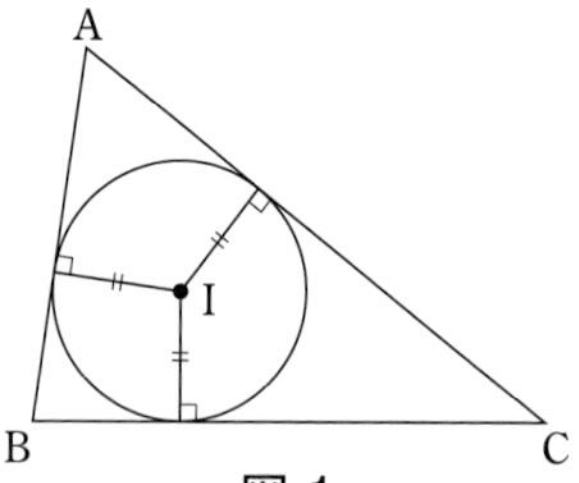

図 1

$$\triangle ABC=\triangle ABI+\triangle BCI+\triangle CAI$$

であり，三角形 ABC の内接円の半径 r は

$$\frac{1}{2}(5+7+8)r=10\sqrt{3}\qquad\therefore\quad r=\sqrt{\boxed{3}}$$

である。

また，I は内心であることから，$\angle BAD=\angle CAD=30^\circ$ であり

$$\triangle ABC=\triangle ABD+\triangle ACD$$

より

$$\frac{1}{2}\cdot5\cdot AD\cdot\sin30^\circ+\frac{1}{2}\cdot8\cdot AD\cdot\sin30^\circ=10\sqrt{3}\qquad\therefore\quad AD=\frac{\boxed{40}\sqrt{\boxed{3}}}{\boxed{13}}$$

である。

また，三角形 ABC について

$$\frac{1}{2}\cdot \mathrm{AE}\cdot 7=\triangle \mathrm{ABC}=10\sqrt{3} \qquad \therefore \quad \mathrm{AE}=\frac{\boxed{20}\sqrt{\boxed{3}}}{\boxed{7}}$$

である。ここで，図 2 より

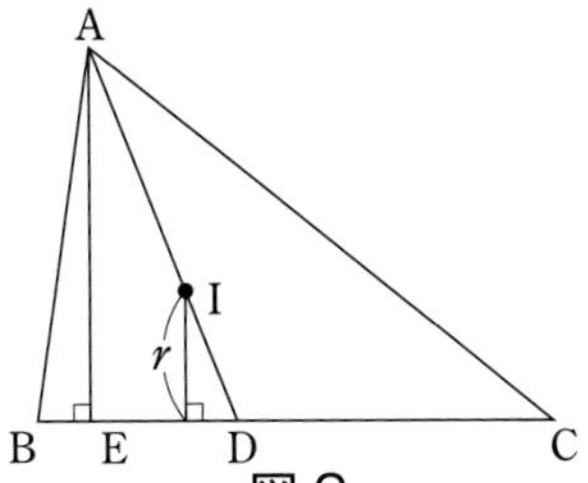

図 2

$$\mathrm{ID} : \mathrm{AD}=r : \mathrm{AE}$$

であり，求める線分 ID の長さは

$$\mathrm{ID}=\frac{\mathrm{AD}}{\mathrm{AE}}\cdot r=\frac{\boxed{14}\sqrt{\boxed{3}}}{\boxed{13}}$$

である。

- 計算欄（memo）-

解答

問 Q.		解答番号 row	正解 A.
I	問1	AB	23
		CD	26
		EF	32
		GH	32
		IJ	63
		KL	23
	問2	MNOP	1260
		QRST	2940
		UVW	980
		XYZ	735
II	問1	ABCD	1157
		EF	13
		GH	24
		IJ	13
		KLM	-26
	問2	N	1
		OP	22
		Q	2
		R	1
		ST	45
		UV	32
		WX	12
		Y	1
III		A	1
		B	2
		CDE	142
		F	2
		G	3
		H	4
		I	4
		JK	10
		LM	11
		NO	17
IV		AB	18
		CDE	378
		FGHI	1574
		JKL	792
		MNOPQR	355379
		STUV	7912

解答：Ⅰ　問 1　**難易度 ★★**

(1)　$f(x)$ を平方完成すると

$$\begin{aligned} f(x) &= 9x^2 - 12ax + 2a^2 + 6a - 6 \\ &= 9\left(x^2 - \frac{4}{3}ax\right) + 2a^2 + 6a - 6 \\ &= 9\left\{\left(x - \frac{2}{3}a\right)^2 - \frac{4}{9}a^2\right\} + 2a^2 + 6a - 6 \\ &= 9\left(x - \frac{2}{3}a\right)^2 - 2a^2 + 6a - 6 \end{aligned}$$

である。したがって，頂点 A の座標は

$$A\left(\frac{\boxed{2}}{\boxed{3}}a,\ -\boxed{2}\,a^2 + \boxed{6}\,a - 6\right)$$

である。

(2)　頂点 A の y 座標を p とおくと

$$p = -2a^2 + 6a - 6 = -2\left(a - \frac{3}{2}\right)^2 - \frac{3}{2}$$

である。したがって，p は，$a = \dfrac{\boxed{3}}{\boxed{2}}$ のとき最大値 $-\dfrac{\boxed{3}}{\boxed{2}}$ をとる。

(3)　(2) の p を用いると，(1) より

$$f(x) = 9\left(x - \frac{2}{3}a\right)^2 + p$$

である。そこで，2 次方程式 $f(x) = 0$ を解くと

$$\left(x - \frac{2}{3}a\right)^2 = -\frac{p}{9} \qquad \therefore\ x - \frac{2}{3}a = \pm\frac{\sqrt{-p}}{3} \qquad \therefore\ x = \frac{2}{3}a \pm \frac{\sqrt{-p}}{3}$$

である。よって，図1のように，線分BCの長さℓは

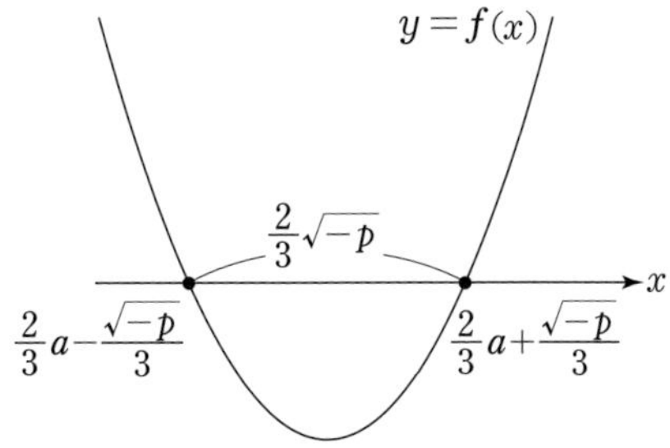

図1

$$\ell=\left(\frac{2}{3}a+\frac{\sqrt{-p}}{3}\right)-\left(\frac{2}{3}a-\frac{\sqrt{-p}}{3}\right)=\frac{2}{3}\sqrt{-p}$$

である。ここで，(2)より

$$-p=2a^2-6a+6=2\left(a-\frac{3}{2}\right)^2+\frac{3}{2}$$

である。よって，図2より，aが$0\leqq a\leqq 2$で動くとき，$-p$は，$a=\frac{3}{2}$のとき最小値$\frac{3}{2}$をとり，

$a=0$のとき最大値6をとる。したがって，ℓのとり得る値の範囲は

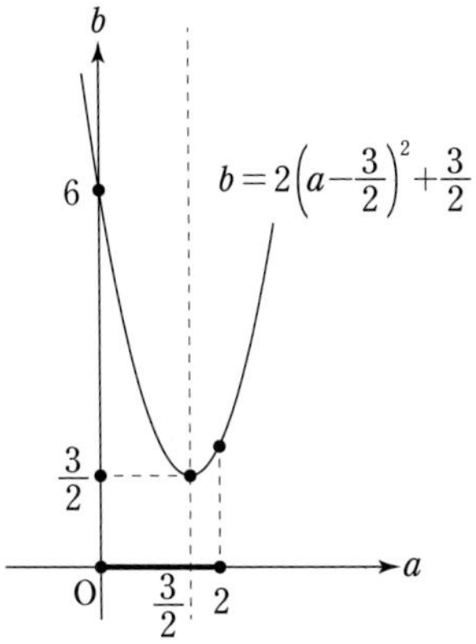

図2

$$\frac{2}{3}\sqrt{\frac{3}{2}}\leqq\ell\leqq\frac{2}{3}\sqrt{6}\qquad\therefore\ \frac{\sqrt{\boxed{6}}}{\boxed{3}}\leqq\ell\leqq\frac{\boxed{2}}{\boxed{3}}\sqrt{6}$$

である。

解答：I　問2　**難易度 ★★**

3 個の 0，3 個の 1，4 個の 2 からなる 10 個の数について，これらを並べてできる 10 桁の整数全体からなる集合を U とする。U の中で，最高位が 1 となる整数全体の集合を A，10 の倍数全体の集合を B，100 の倍数全体の集合を C とする。

例えば，A の要素は以下のようにして作ることができる。ただし，① を最高位，⑩ を 1 の位としている。－の部分には，残った 2 個の 1，3 個の 0，4 個の 2 を並べる。

①	②	③	④	⑤	⑥	⑦	⑧	⑨	⑩
1	－	－	－	－	－	－	－	－	－

(1) 最高位が 1 である整数は，① に 1 を配置して，次に，残った 2 個の 1，3 個の 0，4 個の 2 を ② から ⑩ に配置すればよい。このとき，以下のような手順を考えれば良い。

Step1： 最初に，9 個の場所から，1 を入れる場所を 2 個選ぶ。これは，${}_9C_2$ 通りの選び方がある。

Step2： 次に，残った 7 個の場所から，0 を入れる場所を 3 個選ぶ。これは，${}_7C_3$ 通りの選び方がある。

Step3： 最後に，残った 4 個の場所に 2 を入れる。これは，1 通りの選び方しかない。

したがって，最高位が 1 である整数の個数 $n(A)$ は

$$n(A) = {}_9C_2 \cdot {}_7C_3 = \frac{9 \cdot 8}{2 \cdot 1} \cdot \frac{7 \cdot 6 \cdot 5}{3 \cdot 2 \cdot 1} = 36 \cdot 35 = \boxed{\mathbf{1260}}$$

である。

次に，U に含まれる 10 桁の整数は，以下のような手順で作ることができる。

Step1： 最初に，② から ⑩ までの 9 個の場所から，0 を入れる場所を 3 個選ぶ。これは，${}_9C_3$ 通りの選び方がある。

Step2： 次に，① を加えた残りの 7 個の場所から，1 を入れる場所を 3 個選ぶ。これは，${}_7C_3$ 通りの選び方がある。

Step3： 最後に，残った 4 個の場所に 2 を入れる。これは，1 通りの選び方しかない。

したがって，10 桁の整数の個数 $n(U)$ は

$$n(U) = {}_9C_3 \cdot {}_7C_3 = \frac{9 \cdot 8 \cdot 7}{3 \cdot 2 \cdot 1} \cdot \frac{7 \cdot 6 \cdot 5}{3 \cdot 2 \cdot 1} = 84 \cdot 35 = \boxed{\mathbf{2940}}$$

である。（注：最高位が 2 である整数の個数 ${}_9C_3 \cdot {}_6C_3 = 1680$ を求めて，$n(A)$ に加えてもよい。）

(2) 10の倍数を作るためには，最初に，⑩に0を入れる。次に，②から⑨までの8個の場所から0を入れる場所を2個選び，その後、残りの7個の場所に3個の1と4個の2を入れればよい。よって，10の倍数の個数 $n(B)$ は

$$n(B)={}_8\mathrm{C}_2\cdot{}_7\mathrm{C}_3=\frac{8\cdot 7}{2\cdot 1}\cdot\frac{7\cdot 6\cdot 5}{3\cdot 2\cdot 1}=28\cdot 35=\boxed{980}$$

である。

さらに，100の倍数を作るためには，最初に，⑨と⑩に0を入れる。次に，②から⑧までの7個の場所から0を入れる場所を1個選び，その後、残りの7個の場所に3個の1と4個の2を入れればよい。よって，100の倍数の個数 $n(C)$ は

$$n(C)={}_7\mathrm{C}_1\cdot{}_7\mathrm{C}_3=7\cdot\frac{7\cdot 6\cdot 5}{3\cdot 2\cdot 1}=7\cdot 35=245$$

である。

したがって，10の倍数であるが100の倍数ではない整数の個数 $n(B\cap\overline{C})$ は，図1のように $C\subset B$ であることから

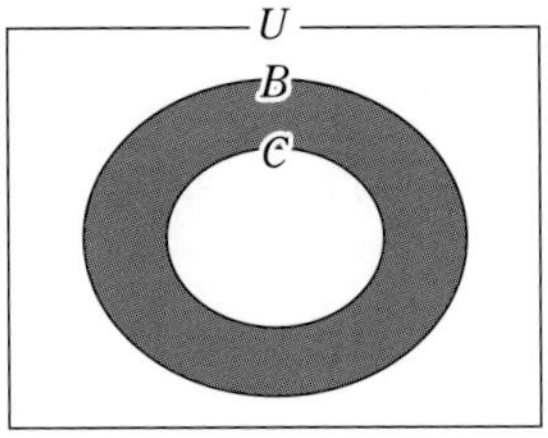

図 1

$$n(B\cap\overline{C})=n(B)-n(C)=\boxed{735}$$

である。

解答：Ⅱ　問１　**難易度 ★★**

$(1+\sqrt{7})^3$ について計算すると

$$\frac{1}{2}(1+\sqrt{7})^3=\frac{1}{2}(1+\sqrt{7})^2(1+\sqrt{7})$$

$$=\frac{1}{2}(8+2\sqrt{7})(1+\sqrt{7})$$

$$=\frac{1}{2}(22+10\sqrt{7})$$

$$=\boxed{11}+\boxed{5}\sqrt{\boxed{7}}$$

である。ここで，$5\sqrt{7}=\sqrt{175}$ であり

$$13^2=169<175<196=14^2$$

より

$$\boxed{13}<5\sqrt{7}<14 \qquad \therefore \quad 24<11+5\sqrt{7}<25$$

である。したがって

$$a=\boxed{24},\quad b=11+5\sqrt{7}-24=5\sqrt{7}-\boxed{13}$$

である。

　ここで，b は

$$(b+13)^2=(5\sqrt{7})^2=175 \qquad \therefore \quad b^2+26b-6=0$$

を満たす。この両辺を b で割ると

$$b+26-\frac{6}{b}=0 \qquad \therefore \quad b-\frac{6}{b}=\boxed{-26}$$

となる。

解答：Ⅱ　問２　**難易度 ★★**

$f(x)$ を平方完成すると

$$f(x)=x^2-2kx+1=(x-k)^2-k^2+1$$

であり，放物線 $y=f(x)$ の対称軸の方程式は $x=k$ である。また

$$f(1)=-2k+2,\ f(2)=-4k+5$$

である。

(1)　図１のように，３通りの場合に分けて考えると，求める最小値 m は

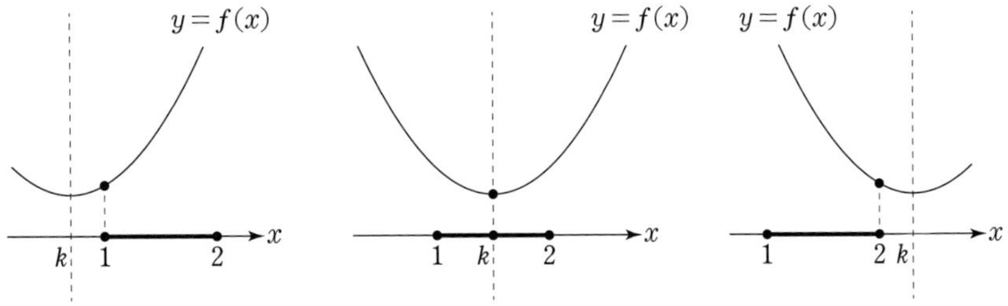

図１

$k<$ **1**	のとき	$m=f(1)=-$ **2** $k+$ **2**
$1\leqq k\leqq$ **2**	のとき	$m=f(k)=-k^2+$ **1**
$2<k$	のとき	$m=f(2)=-$ **4** $k+$ **5**

である。

(2)　図２のように，２通りの場合に分けて考えると，求める最大値 M は

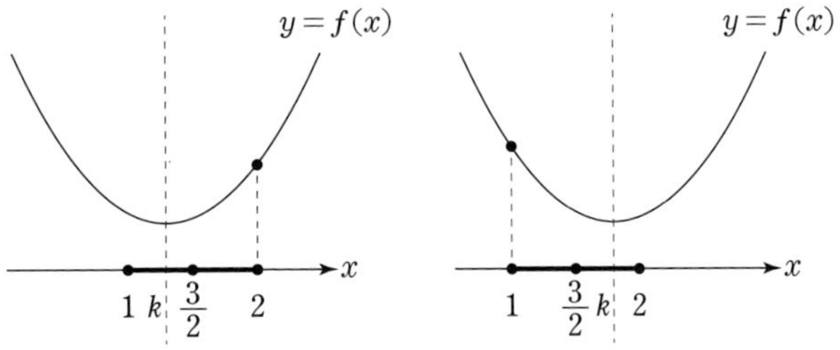

図２

$k\leqq\dfrac{\boxed{3}}{\boxed{2}}$　のとき　$M=f(2)=-4k+5$

$\dfrac{3}{2}<k$　のとき　$M=f(1)=-2k+2$

である。

第３回

(3) 最初に，$m>0$ になる条件を考える。

(i) $k<1$ のとき

$$m=-2k+2>0 \quad \therefore \quad k<1$$

これは，$k<1$ を満たしている。

(ii) $1 \leqq k \leqq 2$ のとき

$$m=-k^2+1>0 \quad \therefore \quad -1<k<1$$

これは，$1 \leqq k \leqq 2$ を満たさない。

(iii) $k>2$ のとき

$$m=-4k+5>0 \quad \therefore \quad k<\frac{5}{4}$$

これは，$k>2$ を満たさない。

よって，$m>0$ になる条件は $k<1$ である。次に，$M<3$ となる条件を考える。

(i) $k \leqq \frac{3}{2}$ のとき

$$M=-4k+5<3 \quad \therefore \quad k>\frac{1}{2}$$

よって，$\frac{1}{2}<k \leqq \frac{3}{2}$ である。

(ii) $k>\frac{3}{2}$ のとき

$$M=-2k+2<3 \quad \therefore \quad k>-\frac{1}{2}$$

よって，$k>\frac{3}{2}$ である。

これより，$M<3$ になる条件は $k>\frac{1}{2}$ である。したがって，求める k の条件は

$$\frac{\boxed{1}}{\boxed{2}}<k<\boxed{1}$$

である。

解答：Ⅲ　**難易度 ★★★**

(1)　n を3で割った余りを r とすると，$n=3A+r$ (A は整数) とおける。このとき

$$\begin{aligned} 4n^2-1 &= 4(3A+r)^2-1 \\ &= 3(12A^2+8A)+4r^2-1 \end{aligned}$$

であり，これが3の倍数になるのは $r=1$，2のときである。よって，n を3で割った余りは **1**，**2** である。

(2)　$4n^2-1=7m$ の両辺を2倍すると

$$8n^2=\boxed{14}\,m+\boxed{2}$$

である。ここで，$8n^2=7n^2+n^2$ であり

$$n^2=7(2m-n^2)+2$$

となる。よって，n^2 を7で割った余りは **2** である。

ここで，n を7で割った余りを r とすると，$n=7B+r$ (B は整数) とおける。このとき

$$\begin{aligned} n^2 &= (7B+r)^2 \\ &= 7(7B^2+2Br)+r^2 \end{aligned}$$

であり，n^2 と r^2 は7で割った余りが等しい。さらに，r^2 を7で割ったときの余りが2になるのは，$r=3$，4のときである。

したがって，n を7で割った余りは **3**，**4** である。

(3)　n が21の倍数，すなわち，n が3の倍数かつ7の倍数になるとき，(1)，(2)より，次の4通りの場合がある。

(i)　$n=3A+1=7B+3$ となる場合。このとき

$$3A-7B=2 \qquad \therefore\ \ 3(A-3)=7(B-1)$$

であり，3と7は互いに素なので

$$A-3=7N \text{ かつ } B-1=3N\ (N \text{ は整数})$$

とおける。よって

$$n=3(7N+3)+1=21N+10$$

である。

(ii) $n=3A+1=7B+4$ となる場合。このとき

$$3A-7B=3 \qquad \therefore \quad 3(A-1)=7B$$

であり，3 と 7 は互いに素なので

$$A-1=7N \text{ かつ } B=3N \, (N \text{ は整数})$$

とおける。よって

$$n=3(7N+1)+1=21N+4$$

である。

(iii) $n=3A+2=7B+3$ となる場合。このとき

$$3A-7B=1 \qquad \therefore \quad 3(A-5)=7(B-2)$$

であり，3 と 7 は互いに素なので

$$A-5=7N \text{ かつ } B-2=3N \, (N \text{ は整数})$$

とおける。よって

$$n=3(7N+5)+2=21N+17$$

である。

(iv) $n=3A+2=7B+4$ となる場合。このとき

$$3A-7B=2 \qquad \therefore \quad 3(A-3)=7(B-1)$$

であり，3 と 7 は互いに素なので

$$A-3=7N \text{ かつ } B-1=3N \, (N \text{ は整数})$$

とおける。よって

$$n=3(7N+3)+2=21N+11$$

である。

したがって，求める条件は，n を 21 で割った余りが **4** ， **10** ， **11** ， **17** になることである。

解答：Ⅳ　**難易度 ★★**

三角形 ABC について余弦定理より

$$\cos\angle ABC=\frac{4^2+5^2-6^2}{2\cdot4\cdot5}=\frac{\boxed{1}}{\boxed{8}}$$

である。これより

$$\sin\angle ABC=\frac{\sqrt{64-1}}{8}=\frac{\boxed{3}\sqrt{\boxed{7}}}{\boxed{8}}$$

であり，三角形 ABC の面積は

$$\triangle ABC=\frac{1}{2}\cdot4\cdot5\cdot\frac{3\sqrt{7}}{8}=\frac{\boxed{15}\sqrt{\boxed{7}}}{\boxed{4}}$$

である。

ここで，図 1 のように，G は重心なので D は線分 BC の中点である。よって，$BD=\frac{5}{2}$ であり，三角形 ABD について余弦定理を用いると

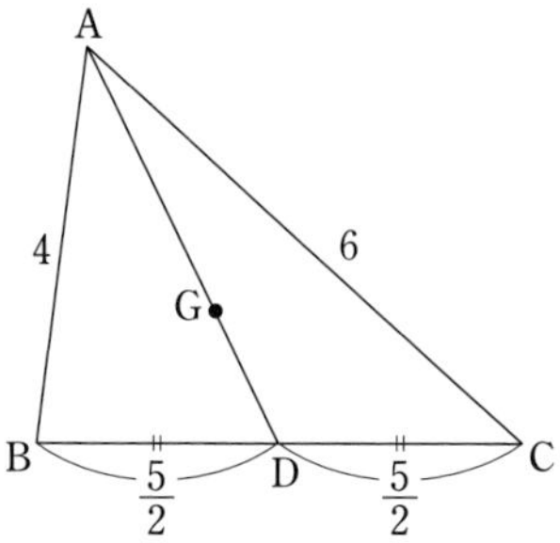

図 1

$$AD^2=4^2+\left(\frac{5}{2}\right)^2-2\cdot4\cdot\frac{5}{2}\cdot\frac{1}{8}=16+\frac{25}{4}-\frac{5}{2}=\frac{79}{4}$$

$$\therefore\quad AD=\frac{\sqrt{\boxed{79}}}{\boxed{2}}$$

である。したがって，三角形 ABD について正弦定理を用いると

$$2R_2=\frac{AD}{\sin\angle ABC}=\frac{AB}{\sin\angle ADB}$$

であり

$$\sin\angle \mathrm{ADB} = \frac{\mathrm{AB}}{\mathrm{AD}}\sin\angle \mathrm{ABC} = \frac{4\cdot 2}{\sqrt{79}}\cdot\frac{3\sqrt{7}}{8} = \frac{\boxed{3}\sqrt{\boxed{553}}}{\boxed{79}}$$

である。さらに，三角形 ABC について正弦定理を用いると

$$2R_1 = \frac{\mathrm{AC}}{\sin\angle \mathrm{ABC}}$$

であり，これより

$$\frac{R_2}{R_1} = \frac{\mathrm{AD}}{\mathrm{AC}} = \frac{\sqrt{\boxed{79}}}{\boxed{12}}$$

である。

- 計算欄（memo）-

解答

問 Q.		解答番号 row	正解 A.
I	問1	A	0
		B	4
		C	3
		DEF	277
		G	4
		HI	56
		JK	56
		LM	14
	問2	NO	49
		PQ	49
		R	0
		STUV	2581
		WXYZ	4004
II	問1	AB	14
		CD	17
		E	3
		FGH	543
		IJ	70
		KL	69
		MN	73
		O	6
	問2	P	1
		Q	4
		R	1
		S	8
		T	3
		UV	32
		WXY	114

問 Q.	解答番号 row	正解 A.
III	A	2
	BC	25
	D	1
	EF	15
	G	0
	HI	35
	J	1
	KL	45
	M	2
	NO	25
	P	2
	Q	1
	R	0
	S	1
	T	2
	U	1
	V	0
	W	1
	X	2
	Y	1
	Z	0
IV	A	1
	B	1
	C	3
	D	2
	E	2
	FGHI	3105
	JKL	455
	MNO	112
	PQR	920
	STU	415
	VW	15
	XYZ	543

解答：Ⅰ　問 1　**難易度 ★★**

(1)　放物線 $C: y=ax^2+bx+c$ が点 $\mathrm{O}(0,\ 0)$ を通ることより

$$c=\boxed{0}$$

である。さらに，点 $\mathrm{A}(4t,\ 4t)$ を通ることから

$$16t^2a+4tb=4t \qquad \therefore \quad \boxed{4}\,ta+b=1 \qquad \cdots\cdots①$$

であり，点 $\mathrm{B}(-3t,\ 3t)$ を通ることから

$$9t^2a-3tb=3t \qquad \therefore \quad \boxed{3}\,ta-b=1 \qquad \cdots\cdots②$$

である。ここで，① + ② より

$$7ta=2 \qquad \therefore \quad a=\frac{2}{7t}$$

であり，① に代入すると

$$\frac{8}{7}+b=1 \qquad \therefore \quad b=-\frac{1}{7}$$

である。したがって，C の方程式は

$$y=\left(\frac{\boxed{2}}{\boxed{7}\,t}\right)x^2-\frac{1}{\boxed{7}}x$$

$$=\frac{2}{7t}\left(x^2-\frac{t}{2}x\right)$$

$$=\frac{2}{7t}\left(x-\frac{t}{4}\right)^2-\frac{t}{56}$$

であり，頂点 C の座標は

$$\mathrm{C}\left(\frac{1}{\boxed{4}}t,\ -\frac{1}{\boxed{56}}t\right)$$

である。

(2) C の方程式より

$$y=\frac{2}{7t}x\left(x-\frac{t}{2}\right)$$

であり，D の座標は

$$\mathrm{D}\left(\frac{t}{2},\ 0\right)$$

である。よって，図 1 より，三角形 OCD の面積△OCD は

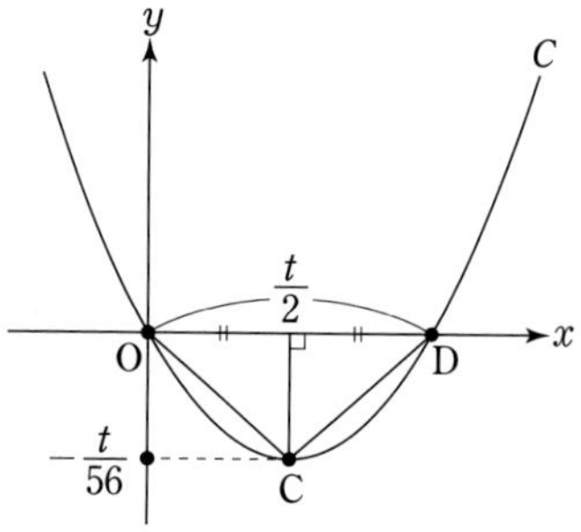

図 1

$$\triangle\mathrm{OCD}=\frac{1}{2}\cdot\frac{t}{2}\cdot\frac{t}{56}=\frac{1}{224}t^2$$

である。したがって，t が $2\leqq t\leqq 4$ の範囲で動くとき，$4\leqq t^2\leqq 16$ より，求める△OCD のとり得る値の範囲は

$$\frac{1}{\boxed{56}}\leqq\triangle\mathrm{OCD}\leqq\frac{1}{\boxed{14}}$$

である。

解答：I　問2　**難易度 ★★**

状態 n のとき，A さんの袋には赤い球 n 個，白い球 $(3-n)$ 個が入っていて，B さんの袋には赤い球 $(3-n)$ 個，白い球 n 個が入っている。

(1)　試行を 1 回行って，A さんと B さんがともに赤い球を取り出す確率は $\frac{2}{3}\cdot\frac{1}{3}=\frac{2}{9}$ であり，A さんと B さんがともに白い球を取り出す確率は $\frac{1}{3}\cdot\frac{2}{3}=\frac{2}{9}$ である。よって，同じ色の球を取り出す確率は

$$\frac{2}{9}+\frac{2}{9}=\frac{\boxed{4}}{\boxed{9}}$$

である。このとき，状態 2 から再び状態 2 になる。

(2)　A さんが赤い球，B さんが白い球を取り出すとき，状態 2 から状態 1 に移る。よって，この確率は

$$\frac{2}{3}\cdot\frac{2}{3}=\frac{\boxed{4}}{\boxed{9}}$$

である。また，1 回の試行で状態 2 から状態 0 に移ることはできないので，この確率は $\boxed{0}$ である。さらに，各状態から各状態へ移る確率は，図 1 のように表すことができる。

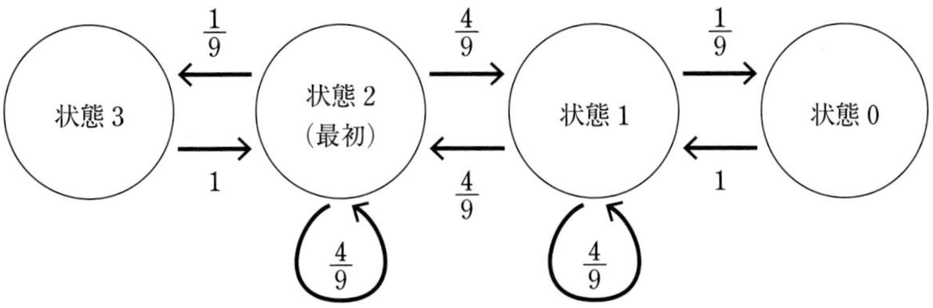

図 1

(3) 1 回目の試行後に別の状態に移り，かつ，2 回目の試行後に状態 2 に戻るのは以下のような場合である。

(i) 状態 2→状態 1→状態 2 と変化するとき，この確率は

$$\frac{4}{9}\cdot\frac{4}{9}=\frac{16}{81}$$

である。

(ii) 状態 2→状態 3→状態 2 と変化するとき，この確率は

$$\frac{1}{9}\cdot 1=\frac{1}{9}$$

である。

したがって，求める確率は

$$\frac{16}{81}+\frac{1}{9}=\frac{\boxed{25}}{\boxed{81}}$$

である。

(4) 1 回目の試行後に別の状態に移り，かつ，4 回目の試行後に初めて状態 2 に戻るのは以下のような場合である。

(i) 状態 2→状態 1→状態 0→状態 1→状態 2 と変化するとき，この確率は

$$\frac{4}{9}\cdot\frac{1}{9}\cdot 1\cdot\frac{4}{9}=\frac{16}{9^3}$$

である。

(ii) 状態 2→状態 1→状態 1→状態 1→状態 2 と変化するとき，この確率は

$$\frac{4}{9}\cdot\frac{4}{9}\cdot\frac{4}{9}\cdot\frac{4}{9}=\frac{256}{9^4}$$

である。

したがって，求める確率は

$$\frac{16}{9^3}+\frac{256}{9^4}=\frac{\boxed{400}}{9^{\boxed{4}}}$$

である。

解答：Ⅱ　問 1　**難易度 ★★★**

$\sqrt{2}$, $\sqrt{3}$ を小数で表すと

$$\sqrt{2}=1.41421356\cdots,\ \sqrt{3}=1.7320508\cdots$$

である。よく使われる無理数については，おおよその値を覚えておこう。

(1)　$\sqrt{2}$, $\sqrt{3}$ について

$$\frac{\boxed{14}}{10}<\sqrt{2}<\frac{15}{10},\quad \frac{\boxed{17}}{10}<\sqrt{3}<\frac{18}{10}$$

である。これより

$$\frac{31}{10}<\sqrt{2}+\sqrt{3}<\frac{33}{10}\qquad \therefore\ 3<\sqrt{2}+\sqrt{3}<4$$

であり，$\sqrt{2}+\sqrt{3}$ の整数部分 a は

$$a=\boxed{3}$$

である。

(2)　(1) より，$\sqrt{2}+\sqrt{3}$ の小数部分 b は

$$b=\sqrt{2}+\sqrt{3}-3$$

であり，$\dfrac{1}{b}$ の分母を有理化すると

$$\begin{aligned}\frac{1}{b}&=\frac{1}{\sqrt{2}+\sqrt{3}-3}=\frac{\sqrt{2}+\sqrt{3}+3}{(\sqrt{2}+\sqrt{3})^2-9}\\&=\frac{1}{2}\cdot\frac{\sqrt{2}+\sqrt{3}+3}{\sqrt{6}-2}=\frac{1}{2}\cdot\frac{(\sqrt{2}+\sqrt{3}+3)(\sqrt{6}+2)}{(\sqrt{6})^2-4}\\&=\frac{\sqrt{12}+2\sqrt{2}+\sqrt{18}+2\sqrt{3}+3\sqrt{6}+6}{4}\\&=\frac{\boxed{5}\sqrt{2}+\boxed{4}\sqrt{3}+\boxed{3}\sqrt{6}+6}{4}\end{aligned}$$

である。ここで

$$5\sqrt{2}=\sqrt{50},\ 4\sqrt{3}=\sqrt{48},\ 3\sqrt{6}=\sqrt{54}$$

であり

$$(7.0)^2<50<(7.1)^2,\ (6.9)^2<48<(7.0)^2,\ (7.3)^2<54<(7.4)^2$$

であることから

$$\frac{\boxed{70}}{10}<5\sqrt{2}<\frac{71}{10},\ \frac{\boxed{69}}{10}<4\sqrt{3}<\frac{70}{10},\ \frac{\boxed{73}}{10}<3\sqrt{6}<\frac{74}{10}$$

である。よって

$$\frac{212}{10}<5\sqrt{2}+4\sqrt{3}+3\sqrt{6}<\frac{215}{10}\qquad\therefore\quad \frac{272}{10}<5\sqrt{2}+4\sqrt{3}+3\sqrt{6}+6<\frac{275}{10}$$

であり

$$\frac{272}{40}<\frac{1}{b}<\frac{275}{40}\qquad\therefore\quad 6<\frac{1}{b}<7$$

である。したがって，$\frac{1}{b}$ の整数部分は $\boxed{6}$ である。

解答：II　問2　**難易度 ★★**

$f(x)$ を平方完成すると

$$f(x)=x^2+2ax+a=(x+a)^2-a^2+a$$

であり，放物線 $y=f(x)$ の対称軸の方程式は $x=-a$ である。また

$$f(a-2)=(a-2)^2+2a(a-2)+a=3a^2-7a+4$$

$$f(a+2)=(a+2)^2+2a(a+2)+a=3a^2+9a+4$$

である。

(1)　軸の位置 $x=-a$ が，$a-2 \leqq x \leqq a+2$ の範囲に入っているか，出ているかで分類すればよい。

(i)　$-a<a-2$，すなわち，$a>$ **1** のとき，図1より

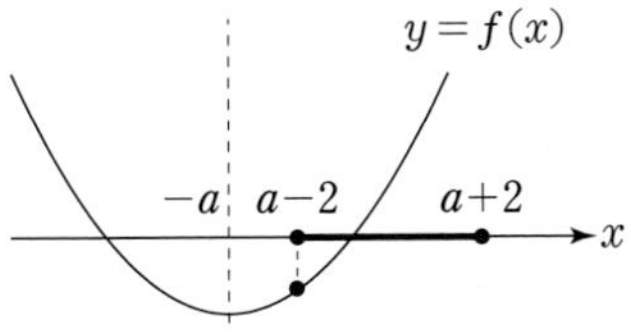

図1

$$m(a)=f(a-2)=\boxed{3a^2-7a+4\cdots\cdots④}$$

である。

(ii)　$a-2 \leqq -a \leqq a+2$，すなわち，$-$ **1** $\leqq a \leqq 1$ のとき，図2より

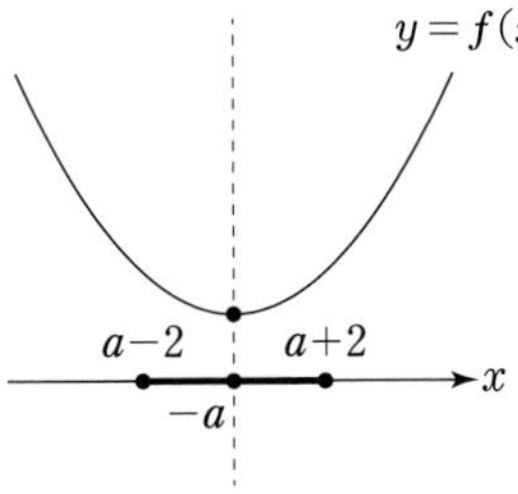

図2

$$m(a)=f(-a)=\boxed{-a^2+a\cdots\cdots⑧}$$

である。

第4回

(iii) $a+2<-a$, すなわち, $a<-1$ のとき, 図3より

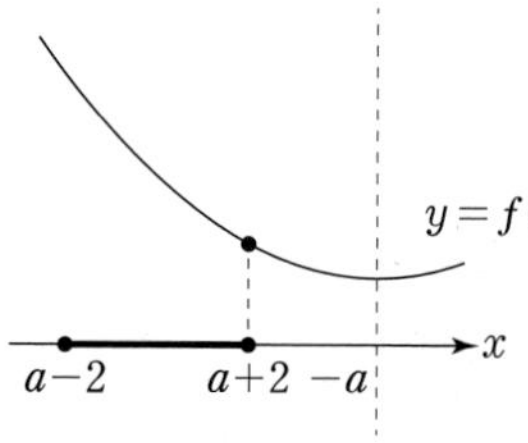

図3

$$m(a)=f(a+2)=\boxed{3a^2+9a+4\cdots\cdots③}$$

である。

(2) ab 平面において, 曲線 $b=m(a)$ は

$$3a^2-7a+4=3\left(a-\frac{7}{6}\right)^2-\frac{1}{12}$$

$$-a^2+a=-\left(a-\frac{1}{2}\right)^2+\frac{1}{4}$$

$$3a^2+9a+4=3\left(a+\frac{3}{2}\right)^2-\frac{11}{4}$$

より, 図4のようになる。したがって, $m(a)$ は, $a=-\dfrac{\boxed{3}}{\boxed{2}}$ のとき最小値 $-\dfrac{\boxed{11}}{\boxed{4}}$ をとる。

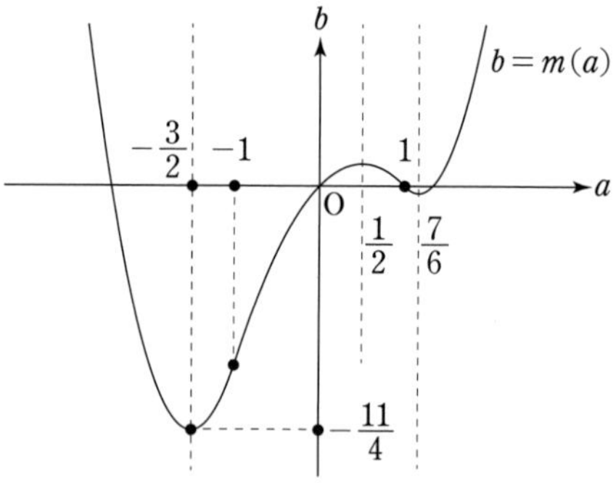

図4

解答：Ⅲ **難易度 ★**

小数点以下の各位の数字であるが，例えば，10 進小数 0.253 については，小数第 1 位の数字 a と小数第 2 位の数字 b は

$$a=(10\times0.253\text{ の整数部分})=(2.53\text{ の整数部分})=2$$

$$b=\left\{10\times(2.53\text{ の小数部分})\text{の整数部分}\right\}=(5.3\text{ の整数部分})=5$$

という計算で取り出すことができる。3 進小数の場合も同様である。

(1) 小数点以下の各位の数字について

$$\frac{4}{5}\times3=\frac{12}{5}=\boxed{2\cdots\cdots②}+\frac{\boxed{2}}{\boxed{5}},\qquad \frac{2}{5}\times3=\frac{6}{5}=\boxed{1\cdots\cdots①}+\frac{\boxed{1}}{\boxed{5}},$$

$$\frac{1}{5}\times3=\frac{3}{5}=\boxed{0\cdots\cdots⓪}+\frac{\boxed{3}}{\boxed{5}},\qquad \frac{3}{5}\times3=\frac{9}{5}=\boxed{1\cdots\cdots①}+\frac{\boxed{4}}{\boxed{5}},$$

$$\frac{4}{5}\times3=\frac{12}{5}=\boxed{2\cdots\cdots②}+\frac{\boxed{2}}{\boxed{5}}$$

である。以下この計算のくり返しになるので，$\frac{4}{5}$ を 3 進小数で表わすと

$$\frac{4}{5}=(0.\boxed{2}\,\boxed{1}\,\boxed{0}\,\boxed{1}\,\boxed{2}\,\boxed{1}\,\boxed{0}\,\boxed{1}\,\boxed{2}\cdots)_{(3)}$$

である。したがって

$$2022=4\times505+2$$

より，小数第 2022 位の数字は $\boxed{1}$ である。

(2) (1)と同様に計算すると，小数点以下の各位の数字について

$$\frac{3}{7}\times 3=\frac{9}{7}=1+\frac{2}{7},\qquad \frac{2}{7}\times 3=\frac{6}{7}=0+\frac{6}{7},$$

$$\frac{6}{7}\times 3=\frac{18}{7}=2+\frac{4}{7},\qquad \frac{4}{7}\times 3=\frac{12}{7}=1+\frac{5}{7},$$

$$\frac{5}{7}\times 3=\frac{15}{7}=2+\frac{1}{7},\qquad \frac{1}{7}\times 3=\frac{3}{7}=0+\frac{3}{7}$$

であり，$\frac{3}{7}$ を 3 進小数で表わすと

$$\frac{3}{7}=(0.102120102120\cdots)_{(3)}$$

である。したがって

$$2022=6\times 337$$

より，小数第 2022 位の数字は **0** である。

解答：Ⅳ　**難易度 ★★★**

直角三角形 ABC の内接円の中心を I とすると，図 1 より，四角形 AFIE は正方形である。よって

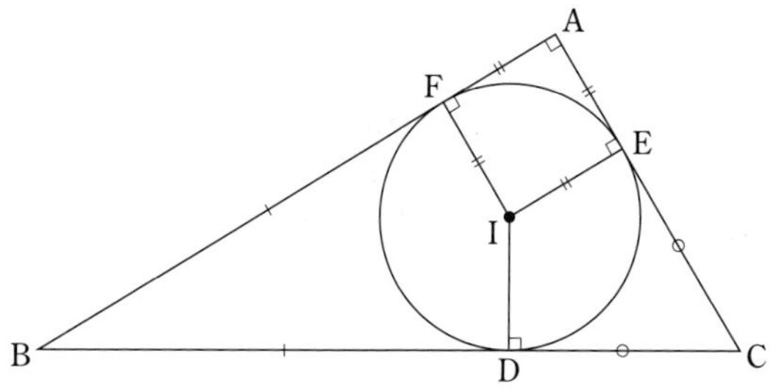

図 1

$$r = \mathrm{AF} = \frac{3+4-5}{2} = \boxed{1}$$

である。同様に

$$\mathrm{AE} = \mathrm{AF} = \boxed{1}$$

$$\mathrm{BD} = \mathrm{BF} = \frac{5+4-3}{2} = \boxed{3}$$

$$\mathrm{CD} = \mathrm{CE} = \frac{5+3-4}{2} = \boxed{2}$$

である。これより

$$\mathrm{EF} = \sqrt{\boxed{2}}$$

である。さらに

$$\cos\angle\mathrm{ABC} = \frac{4}{5},\quad \cos\angle\mathrm{BCA} = \frac{3}{5}$$

より，余弦定理を用いて

$$\mathrm{FD}^2 = 3^2+3^2-2\cdot3\cdot3\cdot\frac{4}{5} = 18-18\cdot\frac{4}{5}$$

$$= 18\left(1-\frac{4}{5}\right) = \frac{18}{5}$$

$$\mathrm{DE}^2 = 2^2+2^2-2\cdot2\cdot2\cdot\frac{3}{5} = 8-8\cdot\frac{3}{5}$$

$$= 8\left(1-\frac{3}{5}\right) = \frac{16}{5}$$

である。よって

$$FD=\frac{\boxed{3}\sqrt{\boxed{10}}}{\boxed{5}},\quad DE=\frac{\boxed{4}\sqrt{\boxed{5}}}{\boxed{5}}$$

である。

次に，三角形 AFE の面積△AFE と三角形 ABC の面積△ABC について

$$\triangle AFE=\frac{1\cdot 1}{3\cdot 4}\triangle ABC=\frac{\boxed{1}}{\boxed{12}}\triangle ABC$$

である。同様に，三角形 BDF の面積△BDF について

$$\triangle BDF=\frac{3\cdot 3}{4\cdot 5}\triangle ABC=\frac{\boxed{9}}{\boxed{20}}\triangle ABC$$

であり，三角形 CED の面積△CED について

$$\triangle CED=\frac{2\cdot 2}{3\cdot 5}\triangle ABC=\frac{\boxed{4}}{\boxed{15}}\triangle ABC$$

である。これより，三角形 DEF の面積△DEF について

$$\begin{aligned}\triangle DEF&=\triangle ABC-\triangle AFE-\triangle BDF-\triangle CED\\&=\left(1-\frac{1}{12}-\frac{9}{20}-\frac{4}{15}\right)\triangle ABC\\&=\frac{\boxed{1}}{\boxed{5}}\triangle ABC\end{aligned}$$

である。

よって，三角形 DEF の内接円の半径 r' について

$$\frac{1}{2}\left(\sqrt{2}+\frac{3\sqrt{10}}{5}+\frac{4\sqrt{5}}{5}\right)r'=\triangle DEF=\frac{1}{5}\triangle ABC$$

であり

$$\triangle ABC=\frac{1}{2}\cdot 3\cdot 4=6$$

であるから

$$\frac{1}{r'}=\frac{5\sqrt{2}+4\sqrt{5}+3\sqrt{10}}{12}$$

である。したがって

$$\frac{r}{r'}=\frac{\boxed{5}\sqrt{2}+\boxed{4}\sqrt{5}+\boxed{3}\sqrt{10}}{12}$$

である。

補　足　図2のように

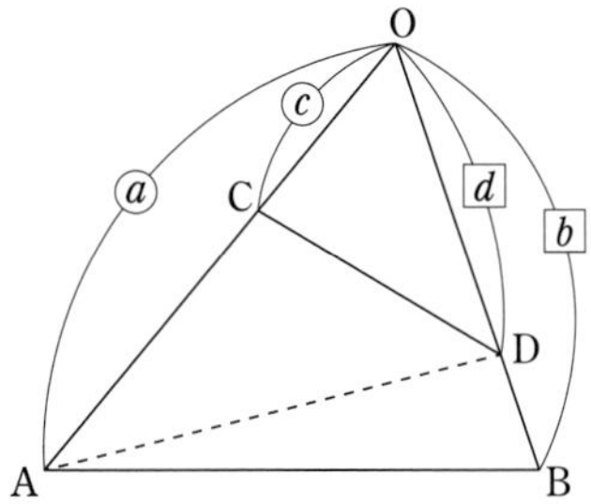

図2

$$\mathrm{OA}:\mathrm{OC}=a:c,\ \ \mathrm{OB}:\mathrm{OD}=b:d$$

のとき，三角形OABと三角形OCDの面積比は

$$\triangle\mathrm{OAB}:\triangle\mathrm{OCD}=ab:cd$$

となる。実際

$$\triangle\mathrm{OAB}:\triangle\mathrm{OAD}=b:d,\ \ \triangle\mathrm{OAD}:\triangle\mathrm{OCD}=a:c$$

より

$$\triangle\mathrm{OAB}:\triangle\mathrm{OAD}:\triangle\mathrm{OCD}=ab:ad:cd$$

である。便利な公式なので，証明と一緒に覚えておこう。

- 計算欄（memo）-

解答

問 Q.		解答番号 row	正解 A.
I	問1	A	2
		BC	10
		DEFG	5920
		HI	12
		JK	34
		L	9
	問2	MNO	105
		PQR	235
		ST	70
		UVWXYZ	193210
II	問1	ABC	223
		DEF	223
		G	1
		H	0
		I	0
		JK	23
		L	3
	問2	MN	01
		OPQR	4228
		STU	122
		VWX	122
III		ABC	325
		DE	33
		FG	20
		H	6
		IJ	47
		KL	53
		MN	45
		OP	16
		QR	61
		ST	90
		U	8
		VW	53
		XY	98

問 Q.	解答番号 row	正解 A.
IV	AB	13
	CD	33
	EFGH	3668
	IJK	328
	LM	13
	NO	23
	P	9
	Q	9
	RSTU	4528

解答：Ⅰ　問 1　**難易度 ★★**

(1)　放物線 $y=f(x)$ と放物線 $y=g(x)$ は同じ形をしているので

$$a^2+1=5 \qquad \therefore \quad a=\boxed{2}$$

である。このとき

$$f(x)=5x^2+x+3=5\left(x^2+\frac{1}{5}x\right)+3$$

$$=5\left(x+\frac{1}{10}\right)^2-\frac{1}{20}+3=5\left(x+\frac{1}{10}\right)^2+\frac{59}{20}$$

であり，放物線 $y=f(x)$ の頂点の座標は

$$\left(-\frac{1}{\boxed{10}},\ \frac{\boxed{59}}{\boxed{20}}\right)$$

である。また

$$g(x)=5x^2-4x+3=5\left(x^2-\frac{4}{5}x\right)+3$$

$$=5\left(x-\frac{2}{5}\right)^2-\frac{4}{5}+3=5\left(x-\frac{2}{5}\right)^2+\frac{11}{5}$$

であり，放物線 $y=g(x)$ の頂点の座標は

$$\left(\frac{2}{5},\ \frac{11}{5}\right)$$

である。したがって

$$p=\frac{2}{5}-\left(-\frac{1}{10}\right)=\frac{4+1}{10}=\frac{\boxed{1}}{\boxed{2}}$$

$$q=\frac{11}{5}-\frac{59}{20}=\frac{44-59}{20}=-\frac{\boxed{3}}{\boxed{4}}$$

である。

(2) $a=2$ のとき，放物線 $y=f(x)$ を y 軸方向に r だけ平行移動した放物線の式は

$$y=5x^2+x+3+r$$

である。図 1 のように，点 $(1,\ 0)$ を通るときに r は最大となり，このとき

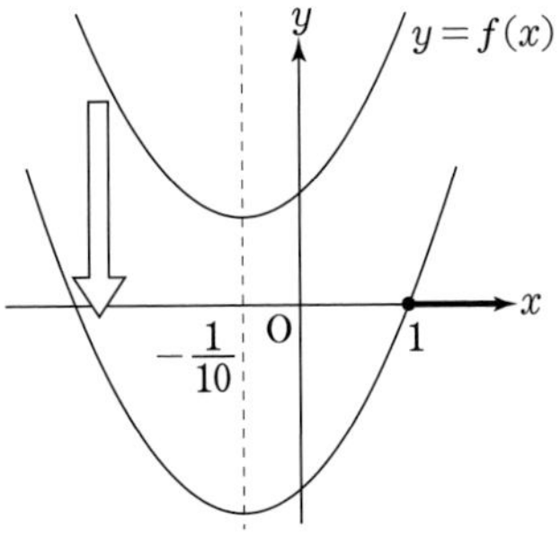

図 1

$$5+1+3+r=0 \qquad \therefore\quad r=-\boxed{\ 9\ }$$

である。

第5回

解答：I　問2　**難易度 ★★**

この試行の全事象を U とすると，この試行で起こり得る場合の個数 $n(U)$ は，8 枚のカードから 4 枚とって並べる順列の個数に等しい。よって

$$n(U)={}_8\mathrm{P}_4=8\cdot7\cdot6\cdot5$$

である。また，得点が 3 点となる事象を A，2 点となる事象を B，1 点となる事象を C とする。

(1) $x<y<z<w$ となるのは，$x=1$，$y=2$，$z=3$，$w=4$ となる場合に限られる。よって，事象 A で起こり得る場合の個数 $n(A)$ は，各数字のカードには赤色と青色の 2 種類があることに注意すると

$$n(A)=2^4$$

である。したがって，3 点もらえる確率 $P(A)$ は

$$P(A)=\frac{n(A)}{n(U)}=\frac{2^4}{8\cdot7\cdot6\cdot5}=\frac{1}{7\cdot3\cdot5}=\frac{1}{\boxed{105}}$$

である。

(2) 2 点もらえるためには，最初に，1 から 4 までの数字から 3 つ選んで，次に，その中で同じ数字になるものを 1 つ決めて，それらを小さい順に並べればよい。1 つの数字のカードには赤色と青色の 2 種類があり，同じ数字のカードは並べ方が 2 つあることに注意すると，事象 B で起こり得る場合の個数 $n(B)$ は

$$n(B)={}_4\mathrm{C}_3\cdot3\cdot2^2\cdot2=4\cdot3\cdot2^3$$

である。したがって，求める確率 $P(B)$ は

$$P(B)=\frac{n(B)}{n(U)}=\frac{4\cdot3\cdot2^3}{8\cdot7\cdot6\cdot5}=\frac{2}{7\cdot5}=\frac{\boxed{2}}{\boxed{35}}$$

である。

(3) 1点もらえるためには，最初に，1から4までの数字から2つ選んで，それらを小さい順に並べればよい。同じ数字のカードは並べ方が2つあることに注意すると，事象 C で起こり得る場合の個数 $n(C)$ は

$$n(C)={}_4\mathrm{C}_2\cdot 2^2=6\cdot 2^2$$

である。したがって，求める確率 $P(C)$ は

$$P(C)=\frac{n(C)}{n(U)}=\frac{6\cdot 2^2}{8\cdot 7\cdot 6\cdot 5}=\frac{1}{2\cdot 7\cdot 5}=\frac{1}{\boxed{70}}$$

であり，0点である確率は

$$1-\frac{1}{105}-\frac{2}{35}-\frac{1}{70}=\frac{210-2-12-3}{210}=\frac{\boxed{193}}{\boxed{210}}$$

である。

第5回

解答：Ⅱ　問 1　**難易度 ★★**

(1)　x，y について

$$xy=\frac{1}{\left\{(1+\sqrt{3})-\sqrt{2}\right\}\left\{(1+\sqrt{3})+\sqrt{2}\right\}}$$

$$=\frac{1}{(1+\sqrt{3})^2-2}=\frac{1}{\boxed{2}+\boxed{2}\sqrt{\boxed{3}}}$$

であり，また

$$\frac{1}{x}+\frac{1}{y}=(1-\sqrt{2}+\sqrt{3})+(1+\sqrt{2}+\sqrt{3})=\boxed{2}+\boxed{2}\sqrt{\boxed{3}}$$

である。したがって

$$x+y=xy\left(\frac{1}{x}+\frac{1}{y}\right)=\boxed{1}$$

であり

$$0<x<1,\ 0<y<1$$

より，x の整数部分は $\boxed{0}$，y の整数部分は $\boxed{0}$ である。

(2)　次のように分母の有理化を行うと

$$\frac{x}{y}=\frac{1+\sqrt{2}+\sqrt{3}}{1-\sqrt{2}+\sqrt{3}}=\frac{\left\{(1+\sqrt{3})+\sqrt{2}\right\}^2}{\left\{(1+\sqrt{3})-\sqrt{2}\right\}\left\{(1+\sqrt{3})+\sqrt{2}\right\}}$$

$$=\frac{(1+\sqrt{3})^2+2\sqrt{2}(1+\sqrt{3})+2}{(1+\sqrt{3})^2-2}=\frac{(1+\sqrt{3})^2+2\sqrt{2}(1+\sqrt{3})+2}{2(1+\sqrt{3})}$$

$$=\frac{1+\sqrt{3}}{2}+\sqrt{2}+\frac{1}{1+\sqrt{3}}=\frac{1+\sqrt{3}}{2}+\sqrt{2}+\frac{\sqrt{3}-1}{2}$$

$$=\sqrt{\boxed{2}}+\sqrt{\boxed{3}}$$

である。ここで

$$1.4<\sqrt{2}<1.5,\ 1.7<\sqrt{3}<1.8$$

より

$$3.1<\sqrt{2}+\sqrt{3}<3.3$$

であり，したがって，$\dfrac{x}{y}$ の整数部分は $\boxed{3}$ である。

解答：Ⅱ　問２　難易度 ★★★

(1)　2 次方程式

$$x^2-2ax+2a^2-a=0 \quad \cdots\cdots①$$

の判別式を D とすると，① が実数解を持つ条件は

$$\frac{D}{4}=(-a)^2-1\cdot(2a^2-a)=-a(a-1)\geqq 0 \qquad \therefore\quad a(a-1)\leqq 0$$

である。これより

$$\boxed{0}\leqq a\leqq \boxed{1} \quad \cdots\cdots②$$

である。

(2)　$g(a)$ を平方完成すると

$$\begin{aligned} g(a)&=2a^2-(2x+1)a+x^2\\ &=2\left(a^2-\frac{2x+1}{2}a\right)+x^2\\ &=2\left(a-\frac{2x+1}{4}\right)^2-\frac{(2x+1)^2}{8}+x^2\\ &=2\left(a-\frac{2x+1}{\boxed{4}}\right)^2+\frac{1}{\boxed{2}}x^2-\frac{1}{\boxed{2}}x-\frac{1}{\boxed{8}} \end{aligned}$$

である。ここで，a の 2 次方程式

$$g(a)=2a^2-(2x+1)a+x^2=0 \quad \cdots\cdots③$$

は，$x=0$ のとき

$$g(a)=2a^2-a=a(2a-1)=0 \qquad \therefore\quad a=0,\ \frac{1}{2}$$

であり，$x=1$ のとき

$$g(a)=2a^2-3a+1=(2a-1)(a-1)=0 \qquad \therefore\quad a=\frac{1}{2},\ 1$$

である。よって，$x=0$，1 のときは，③ は ② の範囲に解を持つ。

以下では，$x\neq 0$ かつ $x\neq 1$ の場合を考える。このとき

$$g(0)=x^2>0,\ g(1)=(x-1)^2>0$$

第5回

であり，図 1 より，③ が ② の範囲に解を持つ条件は，次の 2 つの条件

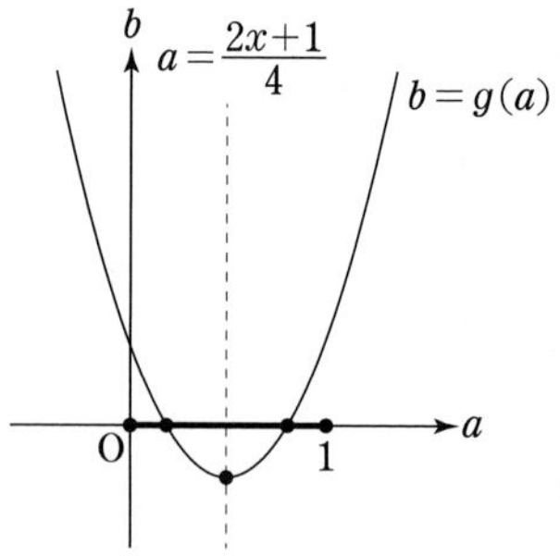

図 1

$$\begin{cases} \text{(i)} \quad 0 \leqq \dfrac{2x+1}{4} \leqq 1 & \cdots\cdots④ \\ \text{(ii)} \quad \dfrac{1}{2}x^2 - \dfrac{1}{2}x - \dfrac{1}{8} \leqq 0 & \cdots\cdots⑤ \end{cases}$$

が成り立つことである。④ より

$$-\frac{1}{2} \leqq x \leqq \frac{3}{2}$$

であり，⑤ より

$$4x^2 - 4x - 1 \leqq 0 \qquad \therefore \quad \frac{1-\sqrt{2}}{2} \leqq x \leqq \frac{1+\sqrt{2}}{2}$$

である。よって，(i) かつ (ii) が成り立つ条件は

$$-\frac{1}{2} < \frac{1-\sqrt{2}}{2} < 0, \ 1 < \frac{1+\sqrt{2}}{2} < \frac{3}{2}$$

に注意すると

$$\frac{1-\sqrt{2}}{2} \leqq x < 0, \ 0 < x < 1, \ 1 < x \leqq \frac{1+\sqrt{2}}{2}$$

である。

したがって，求める x のとり得る値の範囲は

$$\frac{\boxed{1} - \sqrt{\boxed{2}}}{\boxed{2}} \leqq x \leqq \frac{\boxed{1} + \sqrt{\boxed{2}}}{\boxed{2}}$$

である。

補　足　① の解 x の集合は

$$A=\left\{x \mid x^2-2ax+2a^2-a=0 \text{ かつ } 0\leqq a\leqq 1\right\}$$

である。そこで

$x\in A \iff x^2-2ax+2a^2-a=0$ かつ $0\leqq a\leqq 1$ を満たす a が存在する。

$\iff a$ の方程式 $2a^2-(2x+1)a+x^2=0$ が $0\leqq a\leqq 1$ を満たす解を持つ。

という論理で解答を得ている。難解なときは，集合を用いて論理の流れを追うことで，かえって問題は明解になる。これは数学を修得する上での基本姿勢である。

第5回

解答：Ⅲ　**難易度 ★★**

(1) 45 を素因数分解すると

$$45 = \boxed{3}^{\boxed{2}} \cdot \boxed{5}$$

である。$\frac{m}{45}$ は既約分数，すなわち，m と 45 は互いに素であるので，m は，3 の倍数ではなく，かつ，5 の倍数ではない。

そこで，1 から 100 までの整数全体の集合を U として，U の部分集合

$$A = \{x \in U \mid x \text{ は } 3 \text{ の倍数}\},\ B = \{x \in U \mid x \text{ は } 5 \text{ の倍数}\}$$

を考えると，求める m の集合は

$$\overline{A} \cap \overline{B} = \overline{A \cup B}$$

である。また

$$A \cap B = \{x \in U \mid x \text{ は } 15 \text{ の倍数}\}$$

である。ここで

$$100 = 3 \cdot 33 + 1,\ 100 = 5 \cdot 20,\ 100 = 15 \cdot 6 + 10$$

より

$$n(A) = \boxed{33},\ n(B) = \boxed{20},\ n(A \cap B) = \boxed{6}$$

であり，よって

$$n(A \cup B) = n(A) + n(B) - n(A \cap B) = 33 + 20 - 6 = \boxed{47}$$

である。したがって，求める m の個数は

$$n(\overline{A \cup B}) = n(U) - n(A \cup B) = 100 - 47 = \boxed{53}$$

である。

(2) 通分すると

$$\frac{m}{45} + 2 \cdot \frac{37}{n} = \frac{mn + 74 \cdot 45}{45n}$$

である。これが整数になるためには，分子は 45 の倍数である必要があるが，$74 \cdot 45$ は 45 の倍数であり，m は 45 と互いに素なので，n は 45 の倍数になる必要がある。

これより

$$n = 45,\ 90$$

であり，これらはともに 37 と互いに素である。

(i) $n=45$ のとき

$$\frac{m}{45}+2\cdot\frac{37}{45}=\frac{m+74}{45}$$

であり，分子が 45 の倍数になるような m は

$$m=16,\ 61$$

である。

(ii) $n=90$ のとき

$$\frac{m}{45}+2\cdot\frac{37}{90}=\frac{m+37}{45}$$

であり，分子が 45 の倍数になるような m は

$$m=8,\ 53,\ 98$$

である。

したがって，求める m，n は

$n=$ **45** のとき $m=$ **16**，**61**

$n=$ **90** のとき $m=$ **8**，**53**，**98**

である。

第5回

解答：Ⅳ　**難易度 ★★**

(1) 図1のように，$\theta = \angle \mathrm{DAB}$ とおくと，$\angle \mathrm{BCD} = 180^\circ - \theta$ である。三角形DABについて，余弦定理より

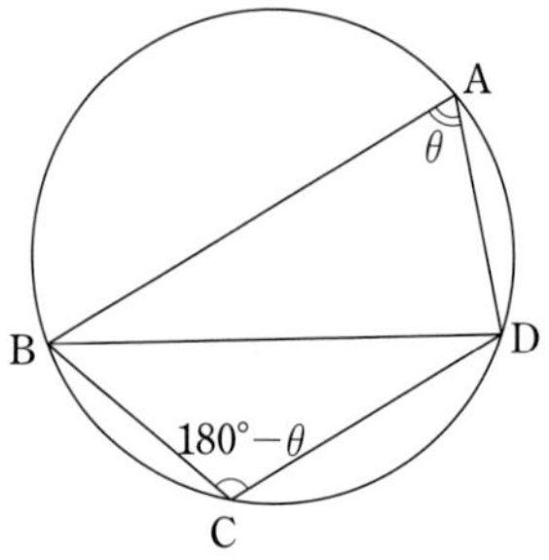

図 1

$$\mathrm{BD}^2 = 3^2 + 6^2 - 2\cdot 3\cdot 6\cos\theta = 45 - 36\cos\theta$$

が成り立つ。また，三角形BCDについて，余弦定理より

$$\mathrm{BD}^2 = 3^2 + 4^2 - 2\cdot 3\cdot 4\cos(180^\circ - \theta) = 25 + 24\cos\theta$$

が成り立つ。よって

$$25 + 24\cos\theta = 45 - 36\cos\theta \qquad \therefore\ \cos\theta = \cos\angle \mathrm{DAB} = \frac{\boxed{1}}{\boxed{3}}$$

であり

$$\mathrm{BD}^2 = 45 - 36\cdot\frac{1}{3} = 33, \qquad \therefore\ \mathrm{BD} = \sqrt{\boxed{33}}$$

である。さらに

$$\sin\theta = \frac{2\sqrt{2}}{3}$$

であり，三角形DABについて，正弦定理より

$$R = \frac{\mathrm{BD}}{2\sin\theta} = \frac{3\sqrt{33}}{4\sqrt{2}} = \frac{\boxed{3}\sqrt{\boxed{66}}}{\boxed{8}}$$

である。図 2 のように，三角形 OAB は二等辺三角形であり，したがって

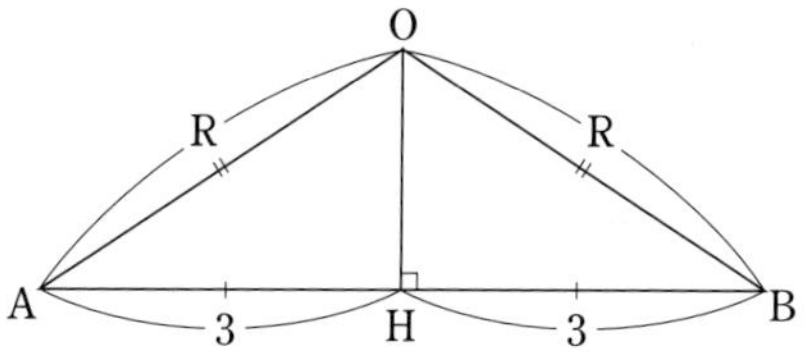

図 2

$$OH^2 = OA^2 - AH^2 = \frac{9 \cdot 66}{64} - 9$$

$$= 9\left(\frac{66}{64} - 1\right) = \frac{9 \cdot 2}{64}$$

$$\therefore \quad OH = \frac{\boxed{3}\sqrt{\boxed{2}}}{\boxed{8}}$$

である。

(2) 三角形 ABC と三角形 CDA について，余弦定理より

$$AC^2 = 6^2 + 3^2 - 2 \cdot 6 \cdot 3\cos\angle ABC$$
$$= 4^2 + 3^2 - 2 \cdot 4 \cdot 3\cos(180° - \angle ABC)$$

であり，(1) と同様の計算により

$$\cos\angle ABC = \frac{\boxed{1}}{\boxed{3}} = \cos\angle DAB \qquad \therefore \quad \angle ABC = \angle DAB$$

である。これより，図 3 のように，四角形 ABCD は等脚台形であり，辺 AB と辺 CD は平行である。また，三角形 EAB は二等辺三角形である。よって，三角形 EAB と三角形 EDC は相似であり

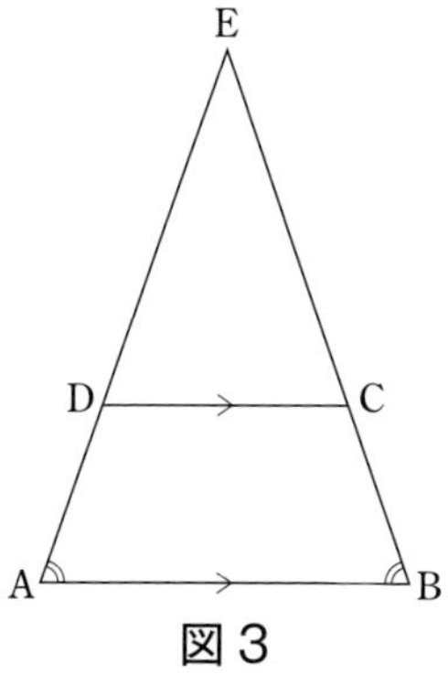

図 3

$$\frac{ED}{EA} = \frac{DC}{AB} = \frac{4}{6} = \frac{\boxed{2}}{\boxed{3}} \qquad \therefore \quad \frac{ED}{ED+3} = \frac{2}{3}$$

である。よって

$$3\text{ED}=2(\text{ED}+3) \qquad \therefore \quad \text{ED}=6$$

であり

$$\text{EA}=\boxed{9}, \ \text{EB}=\boxed{9}$$

である。したがって

$$\text{EH}^2=\text{EA}^2-\text{AH}^2=81-9=72 \qquad \therefore \quad \text{EH}=6\sqrt{2}$$

であり，3 点 E，O，H は同一直線上にあるので

$$\text{OE}=\text{EH}-\text{OH}=6\sqrt{2}-\frac{3\sqrt{2}}{8}=\frac{\boxed{45}\sqrt{\boxed{2}}}{\boxed{8}}$$

である。

- 計算欄 (memo) -

解答

問 Q.		解答番号 row	正解 A.
I	問1	A	1
		BC	61
		D	3
		EFG	245
		H	1
		IJ	-3
		KLMN	-362
	問2	OPQ	560
		RST	200
		UV	20
		WXY	180
II	問1	ABC	116
		DEF	392
		GHI	492
		J	0
		KL	24
	問2	M	2
		NOP	145
		QRST	1222
		UVW	145

問 Q.	解答番号 row	正解 A.
III	A	3
	B	9
	C	7
	D	1
	E	3
	F	7
	G	9
	H	3
	I	1
	J	7
	K	0
	L	8
	M	0
	N	2
	O	0
	P	8
	Q	5
	R	3
	S	5
	T	7
	U	5
	V	3
IV	AB	18
	CDE	387
	FGH	927
	I	2
	JKLMNO	421322
	P	2
	QRSTUV	821161
	WXY	246

解答：I　問1　**難易度 ★★**

(1)　放物線 C が点 $\mathrm{A}(0,\ 7k^2+4k+4)$ を通ることより，C の方程式は

$$y=ax^2+bx+7k^2+4k+4$$

と表すことができる。さらに，2 点 $\mathrm{B}(1,\ 14k^2+4k+11)$，$\mathrm{C}(-1,\ 2k^2+4k-1)$ を通ることから

$$\begin{cases} a+b+7k^2+4k+4=14k^2+4k+11 \\ a-b+7k^2+4k+4=2k^2+4k-1 \end{cases} \quad \therefore \quad \begin{cases} a+b=7k^2+7 \\ a-b=-5k^2-5 \end{cases}$$

である。したがって

$$a=k^2+1,\ b=6k^2+6$$

であり，C の方程式は

$$y=\left(k^2+\boxed{1}\right)x^2+\boxed{6}\left(k^2+\boxed{1}\right)x+7k^2+4k+4$$

である。この右辺を平方完成すると

$$\begin{aligned} y&=(k^2+1)(x^2+6x)+7k^2+4k+4 \\ &=(k^2+1)(x+3)^2-9(k^2+1)+7k^2+4k+4 \\ &=(k^2+1)(x+3)^2-2k^2+4k-5 \end{aligned}$$

であり，頂点 P の座標は

$$\mathrm{P}\left(-\boxed{3},\ -\boxed{2}k^2+\boxed{4}k-\boxed{5}\right)$$

である。

(2)　頂点 P の y 座標は

$$-2k^2+4k-5=-2(k-1)^2-3$$

より

$$k=\boxed{1}\text{ のとき，最大値 }\boxed{-3}$$

をとる。また，$k=1$ のとき，C の方程式は

$$C:y=2(x+3)^2-3$$

であり

$$2(x+3)^2-3=0$$

のとき

$$x+3=\pm\sqrt{\frac{3}{2}} \quad \therefore \quad x=-3\pm\frac{\sqrt{6}}{2}$$

である。したがって，C と x 軸との交点の x 座標は

$$x=\boxed{-3}\pm\frac{\sqrt{\boxed{6}}}{\boxed{2}}$$

である。

第6回

解答：Ⅰ　問2　**難易度 ★★**

3つの箱への入れ方全体の集合をUとして，箱Aの3個のボールの番号の積が3の倍数にならないような入れ方の集合をA，箱Bの3個のボールの番号の積が3の倍数にならないような入れ方の集合をBとする。

(1) 最初に，番号が付いた8個のボールから3個取り出して箱Aに入れて，次に，残りの5個のボールから3個取り出して箱Bに入れる。最後に，残った2個のボールを箱Cに入れる。このような入れ方の総数は

$$n(U) = {}_8C_3 \cdot {}_5C_3 \cdot 1 = {}_8C_3 \cdot {}_5C_2 = \frac{8 \cdot 7 \cdot 6}{3 \cdot 2 \cdot 1} \cdot \frac{5 \cdot 4}{2 \cdot 1}$$
$$= 56 \cdot 10 = \boxed{560}$$

である。

(2) 箱Aの3個のボールの番号の積が3の倍数にならないようにするには，最初に，3の倍数ではない1，2，4，5，7，8の6個のボールから3個選んで箱Aに入れて，次に，残りの5個のボールから3個取り出して箱Bに入れる。最後に，残った2個のボールを箱Cに入れる。このような入れ方の総数は

$$n(A) = {}_6C_3 \cdot {}_5C_3 \cdot 1 = {}_6C_3 \cdot {}_5C_2 = \frac{6 \cdot 5 \cdot 4}{3 \cdot 2 \cdot 1} \cdot \frac{5 \cdot 4}{2 \cdot 1}$$
$$= 20 \cdot 10 = \boxed{200}$$

である。

また，箱Aと箱Bの両方について，箱の中の3個のボールの番号の積が3の倍数にならないようするには，最初に，3の倍数ではない1，2，4，5，7，8の6個のボールから3個選んで箱Aに入れて，次に，残った3の倍数ではないボール3個を箱Bに入れる。最後に，3と6のボールを箱Cに入れる。このような入れ方の総数は

$$n(A \cap B) = {}_6C_3 \cdot 1 \cdot 1 = \frac{6 \cdot 5 \cdot 4}{3 \cdot 2 \cdot 1} = \boxed{20}$$

である。

(3) 箱Bの3個のボールの番号の積が3の倍数にならないような入れ方の総数は，
(2)と同様に考えて

$$n(B)=n(A)=200$$

である。箱Aの3個のボールの番号の積が3の倍数であり，かつ，箱Bの3個のボールの番号の積が3の倍数ではないようなボールの入れ方の集合は $\overline{A}\cap B$ であり，図1より，このような入れ方の総数は

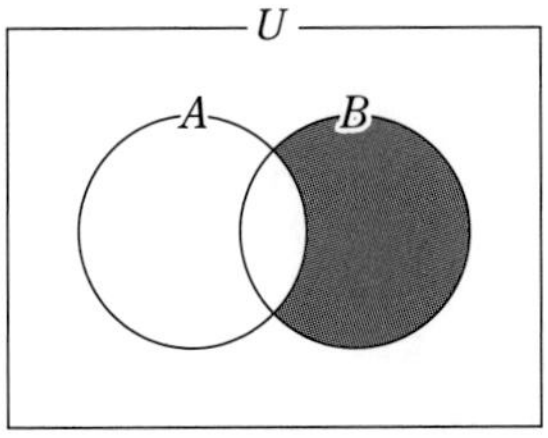

図 1

$$n(\overline{A}\cap B)=n(B)-n(A\cap B)=200-20=\boxed{180}$$

である。

第6回

解答：Ⅱ　問 1　**難易度 ★★**

(1)　2 つの実数 x, y について

$$(xy)^4=\left\{\frac{1}{(\sqrt{6}+2)(\sqrt{6}-2)}\right\}^4=\left(\frac{1}{6-4}\right)^4=\frac{\boxed{1}}{\boxed{16}}$$

である。また

$$\begin{aligned}\frac{1}{x^4}+\frac{1}{y^4}&=(\sqrt{6}+2)^4+(\sqrt{6}-2)^4\\&=\left\{(\sqrt{6}+2)^2+(\sqrt{6}-2)^2\right\}^2-2\left\{(\sqrt{6}+2)(\sqrt{6}-2)\right\}^2\\&=(10+4\sqrt{6}+10-4\sqrt{6})^2-2\cdot(6-4)^2\\&=(20)^2-8\\&=\boxed{392}\end{aligned}$$

である。したがって

$$x^4+y^4=(xy)^4\left\{\frac{1}{x^4}+\frac{1}{y^4}\right\}=\frac{392}{16}=\frac{\boxed{49}}{\boxed{2}}$$

である。

(2)　$2<\sqrt{6}<3$ より $4<\sqrt{6}+2<5$ であり，よって

$$\frac{1}{5}<x=\frac{1}{\sqrt{6}+2}<\frac{1}{4}\qquad\therefore\quad\frac{1}{625}<x^4<\frac{1}{256}$$

である。よって，x^4 の整数部分は $\boxed{0}$ である。また，特に

$$0<x^4<\frac{1}{2}\qquad\therefore\quad 0<\frac{1}{2}-x^4<\frac{1}{2}$$

であり，(1) より

$$y^4=\frac{49}{2}-x^4=24+\frac{1}{2}-x^4\qquad\therefore\quad 24<y^4<25$$

である。したがって，y^4 の整数部分は $\boxed{24}$ である。

注　意　$y=\dfrac{1}{\sqrt{6}-2}=\dfrac{\sqrt{6}+2}{2}$ であるが，直接 y^4 を計算して整数部分を求めるより，上記のように計算するほうが簡単である。

解答：Ⅱ　問2　**難易度 ★★**

(1)　放物線 $y=f(x)$ が辺 OC と交わる条件は

$$0 \leqq f(0)=8-2a \leqq 8 \qquad \therefore \quad 0 \leqq a \leqq 4$$

である。また，放物線 $y=f(x)$ が辺 AB と交わる条件は

$$0 \leqq f(4)=28-10a \leqq 8 \qquad \therefore \quad 2 \leqq a \leqq \frac{14}{5}$$

である。したがって，求める条件は

$$\boxed{2} \leqq a \leqq \frac{\boxed{14}}{\boxed{5}} \qquad \cdots\cdots①$$

である。

(2)　$f(x)$ を平方完成すると

$$\begin{aligned} f(x) &= x^2-(2a-1)x+8-2a \\ &= \left(x-\frac{2a-1}{2}\right)^2-\frac{(2a-1)^2}{4}+8-2a \\ &= \left(x-\frac{2a-1}{2}\right)^2-a^2-a+\frac{31}{4} \end{aligned}$$

である。よって，① が成り立つときに，放物線が辺 OA と 2 点で交わる条件は，図 1 より

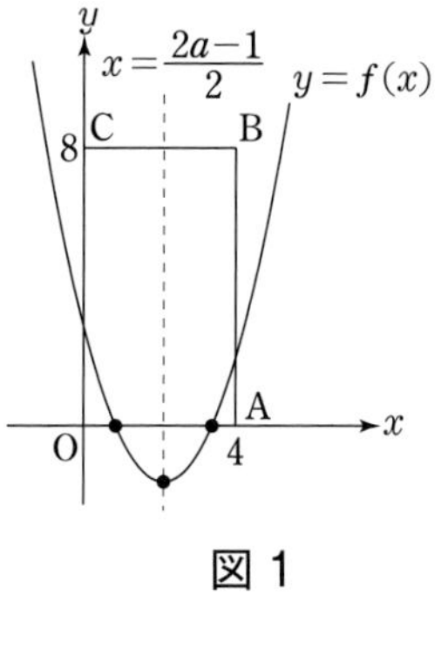

図 1

$$\begin{cases} \text{(i)} \quad 0 \leqq \dfrac{2a-1}{2} \leqq 4 & \cdots\cdots② \\ \text{(ii)} \quad -a^2-a+\dfrac{31}{4} < 0 & \cdots\cdots③ \end{cases}$$

の 2 つの条件が成り立つことである。② より

第6回

$$\frac{1}{2} \leqq a \leqq \frac{9}{2}$$

であり，③ より

$$4a^2+4a-31>0$$

$$\therefore \quad a<-\frac{1}{2}-2\sqrt{2},\ a>-\frac{1}{2}+2\sqrt{2}$$

である。ここで

$$2<-\frac{1}{2}+2\sqrt{2}<\frac{14}{5} \qquad \cdots\cdots④$$

であり（後述の補足を参照），したがって，求める条件は

$$-\frac{\boxed{1}}{\boxed{2}}+\boxed{2}\sqrt{\boxed{2}}<a\leqq\frac{\boxed{14}}{\boxed{5}}$$

である。

補　足　④ について

$$\left(-\frac{1}{2}+2\sqrt{2}\right)-2=\frac{4\sqrt{2}-5}{2}=\frac{\sqrt{32}-\sqrt{25}}{2}>0$$

$$\frac{14}{5}-\left(-\frac{1}{2}+2\sqrt{2}\right)=\frac{33-20\sqrt{2}}{10}=\frac{\sqrt{1089}-\sqrt{800}}{10}>0$$

である。よって，④ の大小関係が成り立つ。

解答：Ⅲ　**難易度 ★★**

整数そのものの和や積を計算するよりも，余りの和や積を計算する方がはるかに楽である。このことを練習して理解しておこう。

(1) 3^n を 10 で割ったときの余りは

$n=1$ のとき **3**，$n=2$ のとき **9**，$n=3$ のとき **7**，
$n=4$ のとき **1**，$n=5$ のとき **3**，$n=6$ のとき 9

である。例えば，3^4 を直接計算する代わりに，$3^4=3^3\cdot 3$ であることから

$$(3^3 \text{ を } 10 \text{ で割った余り})\cdot 3=7\cdot 3=21$$

より，3^4 を 10 で割った余り 1 を得る。あるいは，$3^4=3^2\cdot 3^2$ であることから

$$(3^2 \text{ を } 10 \text{ で割った余り})^2=9^2=81$$

として余り 1 を求めてもよい。こうして，10 で割った余りは

$$3\to 9\to 7\to 1\to 3\to 9\to 7\to 1\to 3\to \cdots$$

というくり返しになることが分かる。また，7^n を 10 で割ったときの余りは

$n=1$ のとき **7**，$n=2$ のとき **9**，$n=3$ のとき **3**，
$n=4$ のとき **1**，$n=5$ のとき **7**，$n=6$ のとき 9

である。こうして，10 で割った余りは

$$7\to 9\to 3\to 1\to 7\to 9\to 3\to 1\to 7\to \cdots$$

というくり返しになることが分かる。

よって，3^n+7^n を 10 で割ったときの余りは

$n=1$ のとき **0**，$n=2$ のとき **8**，$n=3$ のとき **0**，
$n=4$ のとき **2**，$n=5$ のとき **0**，$n=6$ のとき 8

である。例えば，$n=3$ のときは

$$7+3=10$$

より，10 で割った余りは 0 である。こうして，10 で割った余りは

$$0\to 8\to 0\to 2\to 0\to 8\to 0\to 2\to 0\to \cdots$$

というくり返しになる。したがって

$$2022=4\cdot 505+2$$

より，$n=2022$ のとき余りは **8** である。

第6回

(2) 8^n を 10 で割ったときの余りは

$n=1$ のとき 8, $n=2$ のとき 4, $n=3$ のとき 2,

$n=4$ のとき 6, $n=5$ のとき 8, $n=6$ のとき 4

であり

$$8 \to 4 \to 2 \to 6 \to 8 \to 4 \to 2 \to 6 \to 8 \to \cdots$$

というくり返しになる。よって, 7^n+8^n を 10 で割ったときの余りは, (1) より

$n=1$ のとき **5**, $n=2$ のとき **3**, $n=3$ のとき **5**,

$n=4$ のとき **7**, $n=5$ のとき **5**, $n=6$ のとき 3

であり

$$5 \to 3 \to 5 \to 7 \to 5 \to 3 \to 5 \to 7 \to 5 \to \cdots$$

というくり返しになる。したがって

$$2022 = 4 \cdot 505 + 2$$

より, $n=2022$ のとき余りは **3** である。

解答：Ⅳ　難易度 ★★

(1) 図1のように，三角形ABCについて，余弦定理より

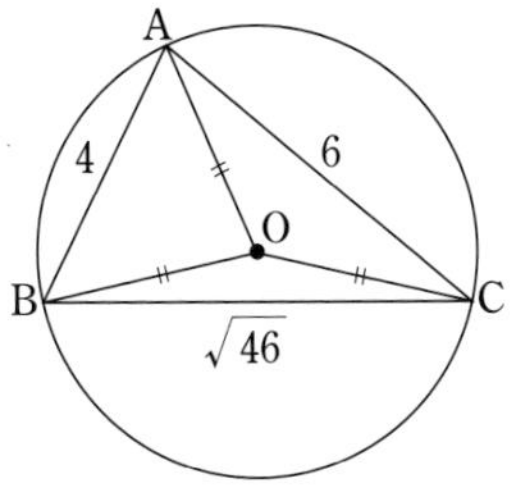

図1

$$\cos\angle BAC=\frac{4^2+6^2-(\sqrt{46})^2}{2\cdot4\cdot6}=\frac{6}{2\cdot4\cdot6}=\frac{\boxed{1}}{\boxed{8}}$$

$$\therefore\quad \sin\angle BAC=\sqrt{1-\frac{1}{64}}=\sqrt{\frac{63}{64}}=\frac{\boxed{3}}{\boxed{8}}\sqrt{\boxed{7}}$$

である。これより，三角形ABCの面積は

$$\triangle ABC=\frac{1}{2}\cdot4\cdot6\cdot\frac{3\sqrt{7}}{8}=\frac{\boxed{9}}{\boxed{2}}\sqrt{\boxed{7}}$$

である。また，点Oは四面体ABCDに外接する球面Sの中心であり

$$OA=OB=OC$$

より，点Oは三角形ABCの **外心…②** である。よって，Sの半径Rは，三角形ABCの外接円の半径に等しい。したがって，三角形ABCについて，正弦定理より

$$R=\frac{\sqrt{46}}{2\sin\angle BAC}=\frac{\sqrt{46}}{\frac{3\sqrt{7}}{4}}=\frac{\boxed{4}}{\boxed{21}}\sqrt{\boxed{322}}$$

である。

(2) 図2のように，3つの直角三角形DHA，DHB，DHCは合同であり

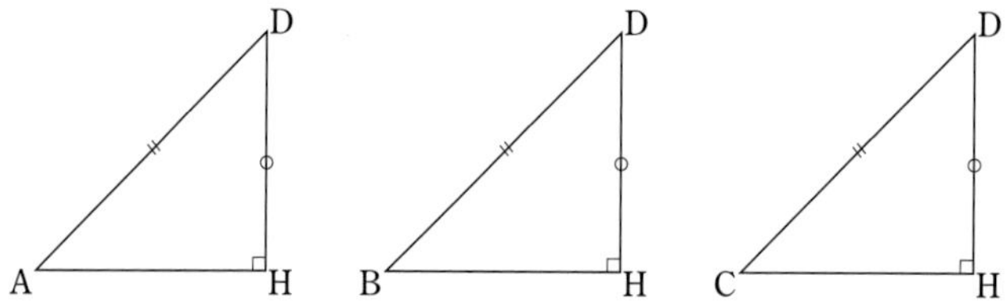

図2

$$HA = HB = HC$$

である。よって，点Hは三角形ABCの **外心…②** であり，HとOは一致する。したがって，3つの三角形DOA，DOB，DOCは直角二等辺三角形であり

$$DA = DB = DC = \sqrt{2}R = \frac{\boxed{8}}{\boxed{21}}\sqrt{\boxed{161}}$$

である。また，求める四面体ABCDの体積Vは

$$V = \frac{1}{3}\cdot\triangle ABC\cdot R = \frac{1}{3}\cdot\frac{9}{2}\sqrt{7}\cdot\frac{4}{21}\sqrt{322} = \boxed{2}\sqrt{\boxed{46}}$$

である。

- 計算欄 (memo) -

- 計算欄（memo）-